왜 사업하는가

ZERO KARA NO CHOSEN

by kazuo INAMORI

Copyright© 2012 KYOCERA Corporation

All rights reserved.

First original Japanese edition published by

PHP Institute,Inc. Japan.

Korean translation rights arranged with PHP Institute,Inc. Japan.

through CREEK&RIVER Co., Ltd. and CREEK&RIVER Korea Co., Ltd.

왜 사업하는가

숱한 밤과 싸워야 할 오늘의 젊은 사업가들에게

이나모리 가즈오 | 김지영 옮김

30여 년 전, 일을 마치고
교토의 어느 뒷골목에서 술을 마시고 있으면
젊은 사업가들이 내 곁에 다가왔다.

"회장님, 저희에게 회사를
성장시키는 방법을 알려주십시오."

절박한 그들의 마음을

외면하기 힘들었지만

당장 내가 해줄 수 있는 말은 없었다.

지난 삶을 되돌아보면
내 인생 역시 아무것도 없는
'0'(제로)의 상태였다.

내게는 사업에 대한 경험도,
지식도, 승산도 없었다.

하지만 나에게는

다른 사람에게는 없는 한 가지가 있었다.

나는 그 누구보다

성공을 갈망했고 오직 성공만을 꿈꿨다.

교토의 밤거리에서 만났던,

그리고 숱한 밤을 싸워야 할

오늘의 젊은 사업가들에게 묻고 싶다.

'당신은 왜 처음 그 일에 뛰어들었는가?'

'당신이 꿈꾸던 성공이란 과연 무엇인가?'

이 질문에 답할 수 있다면,
그 누구라도 다시 태어날 수 있다.

차 례

2장

새로운 가치를 창조하는가

3장

조직을 혁신할 수 있는가

4장

불같은 열의로 몰입하고 있는가

5장

왜 처음 이 일에 뛰어들었는가

프롤로그

사업이란
제로로부터의 도전이다

내가 교세라를 창업한 1959년으로부터 벌써 반세기 이상
이 훌쩍 지났다.

창업 첫해 매출은 2600만 엔밖에 되지 않았지만 2012년
3월 기준으로 1조 2000억 엔에 이르렀고, 2021년 현재
는 연 매출 1조 6000억 엔을 달성하는 거대 기업으로 성
장했다. 그간 교세라는 단 한 번도 적자를 기록한 적이 없
고, 이익률은 매출이 1조 엔을 넘어선 때부터 지금까지도
꾸준히 10퍼센트 이상을 유지하고 있다. 한 기업이 반세

기가 넘는 시간 동안 이 정도의 수익성과 성장률을 유지하는 것은 일본 산업 전체의 역사를 뒤져보아도 매우 드문 일이다.

물론 그 여정이 결코 평탄하지는 않았다.

1971년 닉슨쇼크로 인해 엔화의 환율제도가 변동환율제로 바뀌었고, 뒤이어 1973년에 발생한 제1차 석유파동으로 인해 전례 없는 불황이 닥쳤다. 반도체, 자동차 분야에서의 치열한 미일美日 무역 마찰, 1985년 플라자합의(G5의 재무장관들이 외환시장 개입에 의한 달러화 강세를 시정하도록 결의한 조치) 이후 벌어진 급격한 엔고 현상, 버블경제 붕괴 이후의 긴 경기 침체도 모두 겪었다.

곧이어 미국의 투자은행 리먼브라더스의 파산으로 시작된 세계적 규모의 금융 위기와 유럽 여러 국가의 재정 위기에서 비롯된 경기 후퇴, 계속해서 이어지는 거대한 경기 변동의 파도가 일본 산업계를 덮쳤다. 실로 많은 기업이 그 격류에 휩쓸려 쇠퇴하고 도산했다. 하지만 교세라는 거센 경기의 파도를 정면으로 맞으면서도 성장을 계속했고, 지금까지 꾸준히 수익도 올렸다.

무엇이 그것을 가능하게 했을까?

나는 경영과 인생에서 악전고투하며 체득한 내 나름대로의 사고방식을 그 어떤 순간에도 흔들리지 않고 관철해왔다. 그 결과 교세라는 심각한 경기 변동의 소용돌이 한가운데서도 상상을 초월하는 성장과 발전을 이룰 수 있었고, 더불어 내 인생까지도 전혀 생각지 못한 대전환을 맞이했다.

이 책은 지난 60여 년간 내가 쌓아온 경영 철학과 기법을 씨실로 삼고 교세라의 역사를 날실로 삼아 써 내려간 글이며, 이와 동시에 나의 '혼魂' 그 자체이기도 하다. 1997년 '경천애인敬天愛人'이라는 제목으로 처음 세상에 나온 이 책을 전 세계에서 너무나 많은 사람이 읽어주었고, 교세라가 발전해온 궤적을 따라 정립된 나의 사상과 철학을 진심 어린 마음으로 받아들여주었다.

이후 20여 년간의 경험을 더해 새로 책을 준비하면서, 나는 여기에 담긴 모든 문장을 처음의 마음으로 정성스럽게 되짚어보았다. 글을 읽고 되새길 때마다 마치 회사를 세우고 첫 출근을 하던 그날처럼 내 마음도 다시금 굳건해졌다. 여기에 쓰인 대로 사업을 하고 인생을 살아간다면, 어떤 사람도 어떤 사업도 다시 태어날 수 있다고 굳게 믿는다.

이 책에는 90년 인생 동안 올바른 성공의 길이 무엇인지 그 해답을 찾기 위해 애써온 나의 여정이 각인처럼 하나하나 새겨져 있다. 내 혼과 투지로 찾아낸 성공의 방정식이 고스란히 담겨 있기에 나는 감히 이 책을 '사업과 인생의 바이블'이라 말하고 싶다.

새로 쓴 개정판에는 초판이 나오고 난 이후에 걸어온 나의 발자취를 덧붙였다. 1997년 이후 나는 본업과 무관한 휴대전화 사업체 다이니덴덴(현 KDDI)을 설립해 시장 후발주자임에도 일본 최고의 통신회사로 키워냈고, 방만한 경영으로 일본 제조기업 역사상 최대 도산을 겪은 미타공업을 인수해 10년 만에 매출을 두 배 이상 늘리며 우량기업으로 변신시켰다.

또 일본항공JAL의 재건에도 힘을 쏟았고, 틈틈이 시간을 내어 이나모리재단의 각종 활동과 세이와주쿠盛和塾 활동에 몰두했다. 세이와주쿠는 나의 경영 철학과 기법을 후배들에게 전하기 위해 설립한 경영 학원이다. 일본 전역을 비롯해 한국·미국·중국·대만·브라질 등 전 세계에 90여 개 지부가 운영되었고, 손정의 소프트뱅크 회장과 마윈 알리바바 회장을 포함해 총 1만 1000명이 넘는 사업가와 경영자가 이곳에서 수업을 들었다.

되돌아보면 확실히 나의 경영과 인생은 아무것도 없는 상태에서 시작하고 도전하는 일의 연속이었다. 애초에 나는 경영에 대한 경험도, 지식도, 실적도, 승산도 없었다. 하지만 나에게는 다른 사람에게는 없는 무언가가 분명 있었다. '왜 나는 처음 이 일에 뛰어들었는가?'에 대한 대답, '왜 나는 이 일을 해야만 하는가?'에 대한 이유. 그 뜻이 바르고 확고하다면 사업이든 인생이든 '제로'에서도 '무한대'를 바라볼 수 있다.

어둠이 언제 끝날지 알지 못하는 절망의 상태에서도 진정 강한 사람은 시종일관 바른 길을 찾는다. 만약 판단이 어려운 갈등 상황에 맞닥뜨린다면, 해야 할지 말아야 할지 흔들리는 상황에 서 있다면 이런 질문을 스스로에게 던져보라.

왜 나는 처음 이 일에 뛰어들었는가?
이 일은 올바른 것인가, 그른 것인가?

이 질문에 답할 수 있다면 그 누구라도 다시 살아날 수 있다. 나아갈 길을 향한 자신만의 확고한 뜻, 그 뜻이 바로 설 때 사람은 그리고 사업은 다시 태어나는 법이다.

코로나19로 촉발된 극심한 경제 위기로 인해 많은 사람이 우울감에 빠져 있다. 이제 막 사업을 시작한 초보 사업가는 물론이고 노련한 경영자들도 유례없는 바이러스의 폭격 앞에 정체된 느낌과 짓눌리는 듯한 압박감을 겪는다고 토로한다.

그런 마음을 짊어지고 숱한 밤과 싸워야 할 오늘의 젊은 사업가들에게 이 책이 한 줄기 희망이 될 수 있으면 좋겠다. 그들의 사업과 인생이 더욱 풍요로워지고, 많은 열매를 맺을 수 있기를 바란다. 부디 어떤 싸움에서도 이길 수 있는 힘, 그 자질과 능력을 여러분 모두가 찾아갈 수 있기를 간절히 소망한다.

2021년 8월

이나모리 가즈오

1장

왜　사업하는가

27살, 일개 기술자에 불과했던 나는 1959년에 자본금 300만 엔을 들고 교토세라믹(교세라의 전신)을 창업했다. 그 이후 교세라를 중심으로 하는 기업 그룹의 경영에 내가 가진 힘을 전부 쏟아부었다.

교세라는 텔레비전용 세라믹 부품을 제조하는 회사로 사업을 시작해 점차 세라믹 기술을 바탕으로 성장했다. 지금은 파인세라믹을 이용한 각종 부품과 디바이스, 태양광 발전 시스템, 휴대전화와 복사기 등의 전자기기에 이르기까지 다양한 제품을 개발하고 생산하는 종합 브랜드로 우뚝 섰다.

일본의 전기통신 사업이 민간 영역으로 넘어온 1984년에 나는 질 좋고 저렴한 통신 서비스를 제공하기 위해 KDDI의 전신인 다이니덴덴을 창업해 통신 사업 분야에 진출했다. 당시 일본고속통신과 일본텔레콤이라는 두 기업이 사업자로 이름을 올렸는데, 두 회사에 비해 다이니덴덴은 기술과 인지도 면에서 불리하다는 평가를 받았다. 하지만 그런 상황에도 불구하고 나는 '이 일은 세상과 사람들을 위해 반드시 필요한 사업이다'라는 확신이 있었고, 간절한 마음으로 사업에 매달렸다. 그 결과 KDDI는 일본 2위의 통신 사업자로 성장해 높은 수익을 유지하며 꾸준히 성장하고 있다.

2010년 2월에는 일본 정부의 간곡한 요청을 받아 JAL의 회장에 취임해 재건에 힘썼다. 부채 총액이 2조 3000억 엔, 한화로 치면 무려 20조 원이 넘었지만 3000만 엔이 넘는 평균 연봉을 받던 일본항공의 직원들은 끝없이 더 나은 대우를 요구했고, 2003년 366엔으로 최고 주가를 기록하던 일본항공의 주가는 1엔으로 추락해 상장이 폐지되는 위기에 놓였다. 세금으로 간간히 적자를 메우고 있었지만 임원들 중 그 누구도 이 사태를 책임지겠다고 하는 사람은 없었다. 그 당시 80세를 앞두고 있던 나는 항공 산업에는 문외한이었고 나이도 많아 거절하려 했지만, 일본의 국민 기업인 일본항공을 살려내는 것이 내게 주어진 마지막 사명이라 생각하고 고심 끝에 회장직을 수락했다.

그렇게 뼈를 깎는 노력으로 비틀어진 경영 구조를 바로잡은 지 딱 1년 뒤, 놀랍게도 일본항공의 매출은 흑자로 돌아섰고 2012년 3월에는 역대 최고 매출을 경신했으며 세계 유수 항공사 가운데 최고 실적을 올리기도 했다.

맨손으로 교세라를 창업한 1959년에도, 다이니덴덴을 설립해 통신 사업에 뛰어들었을 때도, 일본항공을 흑자로 돌려세웠을 때도 아무도 내게 기대를 거는 사람은 없었다. 영세하고 부진했던 이 기업들은 대체 어떻게 세계적인 경기 불황을 뛰어넘어 오늘날까지 발전과 확장을 이어온 것일까?

더 높은
뜻을 세우라

'인간으로서 무엇이 옳은가?'

나는 지금껏 사업을 하며 모든 판단을 내릴 때 우선적으로 이런 질문을 던졌다. 그리고 이를 직원들과 공유하고 지켜나가며 노력한 결과, 내가 경영에 임했던 기업들은 모두 눈부신 발전을 이룰 수 있었다.

인간이 무엇을 위해 살아가는지 한번 생각해보자. 시대가 바뀌어도, 나라가 달라져도 인간이라면 누구나 '사람으로 태어난 이상 충실히, 그리고 의미 있게 인생을 살아가고 싶다'고 생각하지 않겠는가? 궁극적으로 '내가 하는 일이 세상에 도움이 되고, 그로 인해 내 인생도 행복해진다'는 마음가짐이야말로 우리 모두가 추구해야 할 인생을 대하는 태도라고 생각한다.

틀림없이 많은 사람이 이런 태도를 추구하며 살아가고 있다고 굳게 믿는다. 응당 인간에게는 자기 일과 자기 인생을 정당화하려는 강한 욕구가 있기 때문이다. 바꿔 말하면 인간은 자기 일과 자기 인생에서 삶의 보람과 의미를 찾아내려고 노력한다는 뜻이다. 그렇지 않으면 그 누구도 오랜 기간 일을 계속할 수 없다.

여기서 더 중요한 것은 인생의 목표를 '뜻이 높은 곳'에 두지 않으면 안 된다는 점이다. 수준이 낮고 떳떳하지 못한 뜻에 목표를 두면 언젠가는 강렬했던 의욕도 바람 앞에 촛불처럼 꺼져버리기 마련이다.

적극적이고 강한 열정이 있으면 반드시 성공한다고들 말하지만, 만약 그런 열정이 뒤틀린 것이라면 그 성공의 원인이 동시에 몰락의 이유가 될 수도 있다. 다시 말해 강한 열정은 성공을 부르기도 하지만, 그 열정이 너무 지나치면 본래의 의미를 잃고 실패라는 함정을 더욱 깊게 만들기도 한다.

물론 사업을 성공시키려면 사업가에게는 보통 이상의 강한 열정이 필요하다. 이는 너무나 맞는 말이다. 하지만 강한 열정만이 전부는 아니다. 하나씩 성공을 쌓아가는 과정에서 인간성, 인생관, 철학을 다듬고 성숙시켜 스스로 떳떳한 경지에까지 올라서야 한다. 그렇지 않으면 그 성공은 결코 지속될 수 없다.

또 너무 극단적으로 목표를 달성하고자 기를 쓰다 보면 그것이 위법행위로 이어져 결국 몰락에 이르는 원인이 되기도 한다.

무언가를 이루어내려면 많은 사람의 마음을 얻어 그들의 참여를 이끌어내야 한다. 바로 이때 사업가의 순수하고 강한 동기가 빛을 발한다. 누가 봐도, 어떤 방향에서 살펴도 당당하게 말할 수 있는 고매한 뜻, 그리고 올바른 목적의식이 없으면 자신이 가진 모든 힘을 다 쏟아도 주위 사람들의 협력을 얻을 수 없고, 사업도 성공시킬 수 없다.

사업을 하다 보면 어느 순간 벽에 부딪쳐 앞으로 나아갈 방향을 찾지 못한 채 괴로움에 빠질 때가 있다. 나는 그럴 때마다 '인간으로서 무엇이 옳은가?'라는 질문을 던졌고, 철저히 그 원칙에 따라 행동해왔다. 그렇게 하나하나 답을 찾으며 쌓은 내공이 어느새 믿을 수 없을 만큼 커져서 놀라운 성과로 되돌아왔다.

조직이 제 기능을 해내고 성과를 창출하기 위해서는 목표의 방향이 명확해야 한다. 그리고 조직 구성원 전체가 그 방향을 향해 한마음으로 움직여야 한다. 기업은 목표의 방향을 나타내는 경영이념과 사훈을 통해 조직을 하나로 이끈다. 그리고 이러한 규범의 바탕에는 사업가의 경영 철학이 반드시 존재해야 한다.

나는 창업 초창기부터 매일매일 배우고 깨달은 것들을 '교세라 철학'이라는 이름으로 정리했고, 이것을 모든 직원들과 공유하기 위해 분투했다. 그것은 사람으로서 살아가는 자세에 관한 기본적인 사고방식, 달리 말하면 '인간으로서 올바른 것을 올바르게 추구해야 한다'는 나만의 철학이었다.

이런 철학이 언뜻 보기에는 사업이나 경영과 아무런 상관이 없는 것처럼 보일지도 모른다. 하지만 나는 인간으로서 올바른 것을 올바르게 추구하다 보면 경영의 바탕에 세워야 할 올바른 좌표축도 드러난다고 믿는다.

사업이라는 것은 사업가의 인격을 투영할 수밖에 없다.

그렇기 때문에 인간으로서 바른 판단 기준을 세우는 일은 사업을 하는 사람에게 그 무엇보다 중요한 기본 중의 기본이다. 사업가가 올바른 경영 철학과 가치관을 정립한다면, 이는 반드시 경영에도 유효하게 작용할 것이다.

경영에 임하며 바쁜 나날을 보내는 가운데, 내가 무엇보다 소중하게 여기는 몇 가지 가치에 관해 지금부터 소개하고자 한다.

사업은 사람의 마음으로
쌓아 올리는 것이다

교세라는 나 혼자 자금을 투자해 창업한 기업이 아니다. 첫 직장에서 상사와 의견이 맞지 않아 결국 회사를 그만 두게 되었을 때, 마치 운명처럼 나를 믿고 회사를 세워주 겠다는 분이 나타났다. 또 그런 나를 믿고 따라와 준 7명 의 창업 동지가 있었다. 이렇게 마음과 마음으로 얽힌 파 트너십을 바탕으로 창업했기에, 교세라에는 처음부터 사 람과 사람의 마음이 연결되는 '유대감'을 무엇보다 소중 히 여기는 기업 문화가 형성될 수 있었다.

만일 내가 부잣집에서 태어나 풍부한 자금을 바탕으로

회사를 설립하고 직원을 고용했다면, 아마 회사의 형태나 직원과의 관계가 지금과는 완전히 달랐을 것이다. 하지만 불행인지 다행인지 창업을 준비했던 당시의 나에게는 경영의 기본이라 할 수 있는 자본과 인력, 설비가 하나도 없었다. 완전히 '제로'에서 시작한 덕분에 직원들과의 유대감만을 바라보며 사업을 일구어나갈 수 있었다.

대학을 졸업하고 처음 자리를 잡은 회사는 작은 공업회사였다. 1955년에 가고시마대학 공학부 응용화학과를 졸업한 나는 쇼후공업이라는 교토의 고압전선용 절연체를 제조하는 회사에 기술자로 취직했다. 절연체는 전봇대 등의 구조물에 전선을 설치할 때 전기와 열이 통하지 않도록 막는 기구로, 쇼후공업은 1917년 설립된 이래 절연체 분야에서 전통과 기술력을 인정받는 회사였다. 나는 연구과에 소속되어 이른바 '뉴세라믹스'의 연구 및 개발을 맡았다.

세라믹스의 어원은 '불에 구워 만든다'는 뜻의 그리스어 '케라모스Keramos'에서 비롯되었다. 흙을 빚어 만든 용기를 '케라미온Keramion', 그리고 그 용기를 만드는 기술을 '케라메이아Kerameia'라고 한다. 이 말에서 독일어의 '케라믹$_{Keramik}$', 영어의 '세라믹스$_{Ceramics}$'가 파생되었다고 한다.

사전적 정의에 따르면 세라믹스는 '열처리 공정을 거쳐 얻어지는 비금속 무기 재료'로, 유기 및 금속과 더불어 공업 분야에서 3대 재료로 손꼽힌다. 세라믹스의 범주에는 도자기뿐만 아니라 유리, 시멘트, 벽돌 등도 포함된다.

통상적으로 전자 재료 분야에서는 세라믹이라는 단어를 조금 더 좁은 의미로 사용한다. 높은 열이나 전압을 견디며 잘 깨지지 않는 '특수자기'를 세라믹으로 만드는데, 그중에서도 나는 이전의 절연체와는 달리 천연 재료를 그대로 이용하지 않고 인공적으로 합성 또는 정제한 재료를 사용해 만든 특수자기를 '뉴세라믹스'라고 불렀다.

쇼후공업에 입사하고 처음 알게 된 사실이지만, 당시 회사는 도산 직전의 심각한 상태였다. 금융기관에서 지원을 받아 겨우 버티고 있는 상황이었다. 당연히 임금 지급도 계속 늦어졌고, 회사와 나의 장래도 기대할 수 없었다.

이런 상황에 입사 동기들은 하나둘 회사를 떠났다. 고민에 빠진 나도 남은 동기 한 명과 함께 군 간부 후보생 모집 시험에 응시했고, 둘 모두 합격했다. 하지만 입대 수속을 앞두고 호적등본이 고향에서 오지 않아 결국 쇼후공업에 홀로 남게 되었다. 나중에 알게 된 사실이지만 첫 직장을 그렇게 쉽게 그만두려는 나의 태도에 형이 불같이 화를 냈고, 일부러 호적등본을 보내주지 않았다고 한다.

그 말을 듣자 나는 스스로가 너무나 초라하고 비참하게 느껴졌다. 그렇게 물러설 곳도, 도망칠 곳도 모두 사라지자 나는 이렇게 결심했다.

'설령 일하는 환경이 열악하더라도 기울어가는 회사에서 어떻게든 헤쳐 나가야 한다. 전력을 다해 뛰어들자. 온 힘을 다해 일에 몰두하면 열정은 전파되기 마련이다. 그렇게 회사에서 대체 불가능한 존재가 되자!'

마음을 고쳐먹고 전력을 다해 연구 개발에 몰두했다. 그러자 정말 신기하게도 성과가 나오기 시작했다. 성과가 눈에 보이니 덩달아 의욕도 점점 커졌다. 밤낮을 잊은 채 더욱 일에 열중했고, 그렇게 하다 보니 근무 환경도 점차 나아졌다.

대체 불가능한
존재가 된다는 것

1956년 초, 나는 '포스테라이트(Forsterite, 고토감람석)'라는 고주파 절연성이 높은 뉴세라믹스 재료를 처음으로 개발했다. 그리고 그것을 사용해 마쓰시타 전기산업(현 파나소닉)을 위한 텔레비전 브라운관용 절연 부품인 'U자 켈시마Kelcima'를 개발하는 데 성공했다. 당시 이 제품은 네덜란드 회사인 필립스만 양산이 가능했을 만큼 제조가 상당히 까다로웠다.

마침 일본에서는 텔레비전이 급속하게 보급되어 U자 켈시마의 수요가 증가했고, 곧바로 양산 체제에 들어가 내가 제조까지 담당하게 되었다. 거기에 '전기터널식 가마'라고 하는 제조 설비를 고안해 도입을 추진하는 등 당시 특수자기라 불리던 뉴세라믹스의 개발과 제조 업무를 홀로 도맡았다.

오랜 적자 경영으로 인해 회사의 재정 상황은 좋지 않았지만, U자 켈시마를 생산한 내가 소속된 특자과(연구과에서 독립한 신생 부서)만큼은 유일하게 수익을 내고 있었다. 그래서 인력 충원도 허락받을 수 있었는데, 나는 회사 내에 있는 사람들 가운데 팀원을 데려오는 게 썩 마음에 내키지 않았다. 그간 임금이 늦어지는 일도 있다 보니 직원들 사이에는 무력감이 팽배해 있었다. 그 때문에 진심으로 성과를 내려고 노력하지 않고 그저 시간을 때우며 잔업 수당 벌기에 급급한 사람도 많았다. 나는 그들과 함께 큰일을 이루기 힘들겠다고 판단했다.

당시에 나는 일개 직원에 불과했지만, 채용에 대한 책임을 맡은 이상 명확한 목표를 바탕으로 열심히 노력할 사람을 뽑아야겠다고 마음먹었다. 그러지 않으면 성과를 내고 있는 우리 현장의 분위기를 한순간에 망칠 수 있겠다고 생각했다. 그래서 나는 교토의 어느 시골에 있는 공공 직업 안내소에 찾아가 인성이 좋고 열정이 넘치는 사람을 골라 직접 채용했다. 이는 우리 부서가 회사 안에서 인정받을 정도로 성과가 좋았기에 가능한 일이었다.

마쓰시타 전기산업에 납품하는 건수도 꾸준히 증가해 매월 2만~3만 개의 수주를 받기에 이르렀다. 도무지 생산을 맞추기가 힘들 정도로 고되었지만 부서 직원 모두가 먹고 자는 것도 잊은 채 추가 생산에 힘썼고, 500개든 1000개든 만드는 대로 족족 납품을 처리했다.

그러던 어느 봄, 회사에서 노사 간 임금 인상 교섭이 결렬되어 노조가 파업에 들어가는 일이 발생했다. 나는 납품을 애타게 기다리는 고객들에게 폐를 끼칠 수 없다는 책임감에 파업에 참여하기를 거부했다. 내가 일하던 현장의 직원들과 나는 냄비와 솥까지 공장 안으로 가지고 들어가 직접 밥을 지어 먹으며 제품 생산을 이어갔다. 노조에서는 파업 이탈자가 나오지 않도록 삼엄하게 감시했지만, 우리 부서 직원들은 생산한 제품을 내보내기 위해 동료 연구원들에게 몰래 부탁해 들고 나가게까지 하면서 고객에게만큼은 폐를 끼치지 않으려 노력했다.

후일담이지만 그때 나와 대립했던 쇼후공업의 당시 노

조위원장이 1997년 《교토신문》 투고란에 글을 하나 실었다. "존경하는 교세라의 이나모리 가즈오 회장님, 기억하고 계십니까?"라는 구절로 시작해, 내가 신제품 개발을 위해 시간 외 수당도 없이 철야로 일하던 것과 회사를 그만둘 때의 에피소드 등을 소개했고, 마지막에는 "사회에 새로운 바람을 불러일으키시길 바랍니다"라는 문장으로 끝을 맺었다.

나는 답장하는 형식으로 같은 지면에 투고를 해서 그에게 감사의 뜻을 표했다. 과거 날카롭게 대립했던 노조위원장과 40여 년이 지나 지면으로 옛 친분을 나누니 감회가 무척 새로웠다.

그렇게 나는 동료들과 합심해 회사 안에서 나만의 영토를 개척했고, 대체 불가능한 존재로 우뚝 섰다.

눈앞에 성공을 두고
회사를 그만두다

27살이던 해, 나는 고작 특자과 주임이라는 직위에 불과했지만 뉴세라믹스의 개발을 회사의 주력 사업으로 삼기를 권유했다. 또한 내가 개발한 제품에 대해서는 생산과 판매까지 모두 담당하는 등 분야에 얽매이지 않고 전력을 다해 일에 전념했다.

그렇게 일하던 중 전자기기 제조업체 히타치제작소가 우리에게 세라믹 진공관의 개발을 의뢰했다. 직접 개발한 포스테라이트를 기반으로 해 개발에 힘썼지만, 처음 맡아본 분야라 좀처럼 빠른 시간 안에 만족스러운 결과가 나오지 않았다.

때마침 회사 외부에서 갑자기 영입된 기술부장이 그 일의 경위도 모르면서 무례한 발언을 했다.

"자네들의 능력으론 역부족이네. 거기까지 하고 넘기게. 앞으로는 내가 하지."

그 말을 듣고 나는 바로 그 자리에서 퇴사하기로 결심하고 사표를 제출했다. 회사는 만류했지만 나는 몸과 마음을 다 바쳐 개발에 힘써온 우리를 하찮게 여기는 그의 태도를 받아들일 수 없었다. 이번 기회에 내가 지닌 기술이 얼마나 대단한 것인지 직접 확인하기 위해 해외로 나가볼까 하는 생각도 들었다.

하지만 그때 동고동락해온 후배와 부하 직원이 끝까지 나와 함께하겠다고 선언했다. 또 선배와 상사까지도 나를 따라 나가고 싶다는 뜻을 전해왔다. 사실 그 당시 멀쩡한 회사를 그만둔다는 것은 인생의 도박과 다름없는 일이었다. 그때는 잘 몰랐지만 지금 생각해보면 그들의 결의 덕분에 지금의 내가 존재하는 것이라고 믿는다.

그렇게 새로이 결의를 다진 일동이 모여 '우리 모두의 행복을 위해, 세상과 인류의 번영을 위해 한마음으로 협력하고 기쁨과 슬픔을 함께 나누자'며 손을 맞잡았다. 그렇게 우리는 우리만의 새로운 회사를 세우기로 결심했다. 함께 서약하는 의미의 혈서를 다 같이 작성하며 서로의 의지도 확인했다. 다시 생각해봐도 시대착오적이고 괴상한 방법이었지만 당시 우리의 심경은 그만큼 고조되어 있었다.

뜻을 함께한 동료들은 우리의 사업이 어려움에 처하면 아르바이트를 해서라도 연구 개발비를 지원하겠다고 이야기했다. 그들로부터 받은 기쁘고 고마운 마음은 지금까지도 내 안에 고스란히 남아 있다.

동료들의 지지를 등에 업고 회사를 설립했지만, 사실 우리에게는 자본도 인력도 설비도 거의 없었다. 그래서 새 회사에 관한 구상을 그려나가는 동시에, 분주하게 투자자를 찾아다녀야 했다.

내가 쇼후공업에 다닐 당시 상사였던 아오야마 마사지 씨는 나와 같은 시기에 쇼후공업을 퇴사하고 기꺼이 나의 뜻에 동참해 새 회사를 설립하는 일에 함께해주었다. 아오야마 씨와 교토대학 공학부 전기공학과를 같이 다닌 니시에다 이치에 씨와 마지카와 다모치 씨도 보탬이 되어주었다.

니시에다 씨는 변리사 출신으로 당시 교토에 있는 전기개폐기와 배전반을 제조하는 미야기전기의 전무로 취임했고, 마지카와 씨는 특허청 출신으로 니시에다 씨와 마찬가지로 미야기전기의 상무로 취임했다. 아오야마 씨는 니시에다 씨와 마지카와 씨를 직접 찾아가 창업에 관한 조언을 구했다. 그후 그들은 시간이 날 때마다 나를 만나주었고, 나는 그들에게 새로 회사를 설립하는 나의 뜻과 앞으로의 목표를 이야기했다. 그들은 진심으로 내 이야기에 귀 기울여주었고, 이후 미야기전기의 미야기 오토야 사장을 설득해 최종적으로 이 세 명을 중심으로 출자를 받게 되었다.

나에게는 이렇다 할 경영 실적도, 미래에 성공하리라는 확실한 승산도 없었다. 그런 내게 니시에다 씨는 이렇게 말해주었다.

"자네는 장래가 촉망한 젊은 사업가야. 아직 서른도 되지 않았지만 자네에게는 확고한 철학 같은 게 있는 것 같네. 나는 그걸 믿고 기꺼이 출자하는 거라네. 그리고 너무 돈에 휘둘리지 말게. 회사의 주인은 경영자가 아니라 그 회사에 몸담고 일하는 직원들이야."

나는 이때 사업가가 갖추어야 할 가장 기본적인 자세가 무엇일지 처음으로 진지하게 고민해보았다. 니시에다 씨는 자금도 없고 주식의 '주' 자도 모르는 내게 기술 출자의 형태로 주식을 보유하라고 말씀해주셨다. 이른바 '오너 경영자'로서의 길을 걷게 해준 것이다. 내가 새롭게 설립한 회사는 그의 조언 덕분에 미야기전기의 자회사가 아니라 독립된 회사로 운영될 수 있었다.

니시에다 씨는 미야기 사장에게 이렇게 말하며 경고했다고 한다.

"이나모리 가즈오라고 하는 청년에게 승부를 걸어 성공할 수 있을지는 확신할 수 없습니다. 출자금을 회수하지 못할 수도 있으니 각오해주십시오."

서른도 채 되지 않은 풋내기에 지나지 않았던 나를 밀어주고 배려해준 니시에다 씨가 정말 고마웠다. 이런 투자자와 우리 창업 멤버들 간의 유대감을 바탕으로 회사가 설립되었기 때문에 교세라의 경영 철학은 자연히 '사람의 마음'을 향하게 되었다.

이렇게 니시에다 씨를 비롯한 많은 사람이 지원해준 투

자금으로 자본금 300만 엔이 마련되었다. 그리고 그분들이 힘을 다해 교토은행에서 빌릴 수 있게 해준 1000만 엔까지 합쳐 총 1300만 엔으로 설비 투자와 최초 운영에 필요한 최소한의 자금을 마련할 수 있었다.

가장 강하고 견고한 것,
사람의 마음

창업을 하고 우리는 중학교를 졸업한 신입사원 20명을 채용했다. 그런데 입사 직후부터 "이렇게 갓 문을 연 신생 회사인 줄은 몰랐다"라고 불만을 내뱉는 사람이 나왔다.

그도 그럴 것이 채용을 할 당시에는 '교토세라믹'이라는 이름으로 모집했지만, 마음에 드는 사무실을 구하지 못해 미야기전기의 근사한 사무실을 빌려 면접시험을 치렀다. 그래서 신입사원들이 그 시험장을 우리 회사의 본사라고 오해한 것이었다. 이후 우리는 미야기전기가 창고로 사용하던 낡은 목조건물을 빌려 사무실을 차렸기 때문에 '이런 작아빠진 회사인 줄은 몰랐다'는 불평불만이 곳 곳에서 터져 나왔던 것이다.

함께하는 사람의 마음을 하나로 모아 일을 하고 싶었지 만, 예상치 못한 마찰이 생기는 바람에 고생이 끊이질 않 았다. 나는 직원들을 통솔하는 과정에서 '경영에서 가장 중요한 것은 무엇일까?'라는 질문을 끊임없이 던지며 심 각하게 고민했다. 젊은 나이인데다가 사업 경험이 전혀 없는 기술자 출신의 사장으로서 내게 맡겨진 책임을 다하 지 않으면 안 된다는 부담감에 잠 못 드는 밤이 이어졌다.

고민에 고민을 거듭한 끝에 경영의 세계에서도 역시 '사람의 마음'이 가장 중요하다는 결론에 이르렀다. 역사 를 살펴보면 사람의 마음이 위대한 업적을 달성했다는 사 례는 일일이 나열할 수 없을 만큼 많다. 예컨대 미국의 건 국과 일본의 메이지유신은 아무것도 가진 것이 없는 사람 들이 뜻과 단결심 하나로 이루어낸 결과다. 그와 반대로 황폐해진 마음이 원인이 되어 조직이 파멸에 이른 사례도 심심치 않게 찾아볼 수 있다.

열 길 물속은 알아도 한 길 사람 속은 모른다는 말처럼 변하기 쉽고 불확실한 것이 사람의 마음이라고 하지만, 일단 서로 믿고 통하면 한없이 견고해져 충분히 신뢰할 만한 것도 사람의 마음이라는 걸 나는 사업을 하며 배웠다.

앞서 말했듯이 교세라를 창업했을 당시만 해도 우리에게는 자금이나 설비, 토지와 같은 기업 경영에 필요한 자원이 하나도 없었다. 물론 회사의 인지도나 신용 같은 것도 있을 리 만무했다. 이런 불리한 환경 속에서 교세라가 끝까지 살아남기 위해서는 직원 각자가 서로를 믿는 마음을 갖고, 그 마음과 마음을 잇는 유대감에 의지할 수밖에 없었다. 그래서 나는 나부터 스스로 우리 직원들을 믿고, 내 자신이 모두에게 믿음을 줄 수 있는 사람이 되자고 굳게 다짐했다.

그러던 어느 날 중대한 사건 하나가 터졌다. 그리고 이 사건은 기업 경영에서 가장 중요한 요소가 '마음을 바탕으로 하는 직원들과의 파트너십'이라는 사실을 다시 한번 나에게 상기시켜주었고, 기업 경영의 목적에 대해서도 생각해볼 수 있는 계기를 마련해주었다.

창업 2년째가 되던 1960년에 나는 고등학교를 갓 졸업한 신입사원 10명을 추가로 채용했다. 그들이 1년 정도 근무를 하고 일이 손에 익었을 무렵, 갑자기 전체 인원이 서명한 편지 한 통을 들고 단체교섭을 하기 위해 나를 찾아왔다. 그 편지에는 '임금 인상은 최저 몇 퍼센트 이상으로 하고 매년 상여금은 얼마로 지급할 것'이라는 처우 개선에 관한 내용이 적혀 있었다.

나는 채용 면접 당시 그들에게 이렇게 선언했다.

"회사가 설립된 지 얼마 안 되어 앞으로 어떤 성과를 이룰지 확신할 수 없습니다. 하지만 새로 시작하는 회사인 만큼 다 함께 힘을 합쳐 이 회사를 멋지게 키워보지 않겠습니까? 제가 앞장서서 노력하겠습니다."

그것을 알고 각오한 채로 입사했을 텐데, 불과 1년 만에 회사에 요구서를 들이밀고 '우리가 제시한 조건을 보장해주지 않으면 당장 회사를 그만두겠다'고 나를 찾아온 것이었다.

창업한 지 얼마 되지 않아 인력에 여유가 없었던 만큼 그들은 입사 후 바로 현장에 투입되었고, 이미 각 분야에서 제 몫을 다하고 있었다. 그만두게 놔둔다면 회사로서는 막대한 손실이었지만, 그렇다고 해서 그들이 요구하는 새로운 근로 조건을 그대로 받아들이기에는 현실적으로 불가능했다. 나는 '창업 시점으로 돌아가 다시 시작한다'

는 각오로 직원들을 향해 "그 요구를 받아들일 수 없다"라고 솔직하게 답변했다.

그때는 회사를 시작한 지 2년밖에 되지 않아서 나 스스로도 회사의 미래에 대해 명확한 확신이 없는 상태였다. 그저 '필사적으로 노력하면 반드시 성공한다'는 마음 하나로 앞날을 그려볼 뿐이었다. 그런 상황에서 당장 직원들을 만류하기 위해 불확실한 약속을 해버리면 이는 곧 거짓말이 되어버리는 셈이었다. 나조차 확신할 수 없는 일을 직원들에게 보장할 수는 없는 노릇이었다.

협상은 쉽사리 끝나지 않았다. 회사에서 마무리하지 못하고 내가 살던 집으로 자리를 옮겨 밤늦게까지 논의를 거듭했지만 직원들의 완강한 결심을 꺾을 수는 없었다. 결국 우리는 합의점을 찾지 못한 채 다음을 기약해야 했다.

물론 다음 날이 되어서도 직원들은 입장을 바꾸지 않았다. "일반적으로 자본가나 경영자들은 그럴듯한 말로 노동자를 속이지요"라고 말하며 내 이야기를 납득하지 않았다. 그래도 나는 포기하지 않고 내 진심을 전했다.

"지금 내 말이 거짓인지 아닌지는 당장 증명할 방법이

없습니다. 그리고 저는 경영자로서 저 혼자만 성공하고 싶은 마음이 털끝만큼도 없습니다. 우리 회사에 들어온 직원들이 진정 마음으로 좋아할 만한 회사를 만들고 싶다는 생각뿐입니다. 제 말을 믿고 따라와주지 않겠습니까? 저는 목숨을 걸고 이 회사를 지킬 것입니다. 만일 제가 방만하게 경영을 하거나 사리사욕을 채우기 위해 일한다면 그땐 저를 죽여도 좋습니다."

3일 밤낮 동안 직원들과 이야기를 나눴다. 그리고 결국 내 진심은 그들에게 전해졌다. 직원들은 요구를 철회하고 회사에 남아주었고, 오히려 이전보다 더 몸을 사리지 않고 일에 매진해주었다.

이 사건은 내게 기업 경영자로서 기본을 깨닫게 해준 기회였다.

그때까지 나는 기술자 출신으로 '내 기술이 세상에 통하는지를 묻고 싶다'는 마음으로 일에 임했다. 또 그런 마음을 회사의 창립 이념으로 삼았다. 회사의 미래에 대해서도 '열심히 파묻혀 일하다 보면 어떻게든 굶어 죽지는 않겠지' 하는 정도로만 생각하고 있었다.

나는 일곱 남매 중 둘째로, 고향 가고시마에 있는 형제

자매를 돌봐야 하는 입장이었다. 하지만 그것도 충분히 할 수 없는 상황이면서 어떻게 이제 막 채용한 직원들의 미래까지 보장할 수 있단 말인가?

그때 나는 회사의 직원들이 회사가 자신의 처우를 개선해주길 기대하고, 자신의 미래와 삶까지도 보장해주는 곳이 되길 바란다는 것을 처음 절실히 깨달았다. 그제야 비로소 '내가 사업이라는 엄청난 일을 벌였구나!' 하는 사실을 뼈저리게 깨달았다. 기업을 경영하고 사업을 한다는 것은 '경영자 자신의 꿈을 실현하는 것'이 아니라, '직원과 그 가족의 현재, 그리고 미래의 삶까지도 책임지는 것'임을 온몸으로 느꼈다.

나는 이런 경험을 통해 경영이란 경영자가 가진 모든 능력을 기울여 직원들이 행복해지도록 최선을 다하는 일이며, 기업은 경영자의 사심私心에서 멀리 떨어져 대의명분을 가져야 한다는 교훈을 얻을 수 있었다.

그 이후 나는 '물심양면으로 전 직원의 행복을 추구한다'는 것을 경영 이념의 최우선으로 삼고, 거기에 회사의 일원으로서 책임을 다하기 위해 '인류와 사회의 진보 및 발전에 공헌한다'는 항목을 추가해 교세라의 경영 이념으로 삼았다.

그로부터 60여 년이 흘렀다. 그때 세운 경영 이념에 따라 '사람의 마음'을 바탕으로 경영해나간 것이 현재의 교세라를 만들었다고 굳게 믿는다.

회사 밖에서는 교세라의 급격한 성장과 높은 수익 구조가 탁월한 기술 개발력 덕분이라고 평가하곤 한다. 물론 그런 점도 있겠지만 나는 조금 다르게 생각한다. 되돌아보면 교세라의 최고 강점은 '마음이 서로 통하는 동료들 간의 강한 유대감'을 기반으로 창업해, 그 후에도 직원들과의 파트너십을 경영의 기반으로 삼아온 것에 있다. 직원들 간의 견고한 인간관계를 발판으로 각 개인이 지닌 잠재력 그 이상의 성과를 발휘할 수 있도록 돕는 것, 나는 그것이 사업가의 사명이자 '경영'의 이유라고 생각한다.

2장

새로운 가치를 창조하는가

교세라를 창업하고 경영에 뛰어들었던 20대 후반 시절, 당연히 나는 회사 운영에 대한 경험과 지식이 하나도 없었다.

　그런데 막상 회사를 창업하고 보니 하루하루, 아니 매분 매초 온갖 상황과 결단의 순간에 직면하게 되었다. 교세라는 갓 설립한 벤처기업이었기 때문에 순간적인 나의 판단 하나로 인해 회사가 휘청거릴 가능성도 높았다. 그래서 늘 올바른 판단을 내리기 위해 노력했다. 이런 걱정으로 쉬이 잠들지 못하는 날들이 계속되었다.

　고민에 고민을 거듭한 끝에 경영에 대한 판단은 '세상 사람들이 말하는 이치에 맞는 것', 즉 원리와 원칙을 기반으로 판단을 내리지 않으면 안 된다는 점을 깨달았다. 어린 시절 부모님과 선생님께 배운 이 기초적이고 소박한 사고방식, 다시 말해 우리가 일반적으로 갖는 윤리관과 도덕관에 어긋난 판단을 내려서는 결코 좋은 결과가 나올 수 없으리라고 생각한 것이다. 그래서 경영에 관한 모든 사안을 처음부터 다시 되돌아보고, 모든 것을 원리와 원칙에 맞게 판단하자고 결심했다.

선악과 옳고 그름을 분별하는 일은 인간이 지닌 가장 기본적인 도덕관이고, 어린 시절부터 부모님과 선생님께 반복적으로 배워온, 자신의 피가 되고 살이 되어 온 행동규범이다. 무엇이든 이에 따라 결정한다면 비록 경영에 대한 경험이나 지식이 없다고 해도 그렇게 크게 잘못된 판단을 내릴 리는 없지 않겠는가.

'나는 애초에 그렇게 양심적인 사람이 아니니까…', '비록 올바르진 않지만 이건 회사를 위한 길이니까…'라고 속으로 생각하며 겉으로는 올바른 사람인 척하는 선배 경영자도 많았지만, 나는 그런 식으로 회사를 이끌어나가지 않겠다고 다짐하고 또 다짐했다. 모든 사안을 삐딱하게 바라보지 않았고 또 무턱대고 상식을 거부하거나 일어나지도 않은 일에 대해 원망하거나 부정하는 자세로 일하지도 않았다.

그것은 내가 남들보다 인격이 뛰어나거나 윤리의식이 확고했기 때문이 아니다. 어쩌다 보니 갑작스럽게 경영에 뛰어들었고 또 경영에는 완전히 무지했기에, 원리와 원칙에 입각해 모든 사안을 본질부터 따져보지 않으면 안 되었던 것뿐이다. 그런데 그러한 사고방식이 경영은 물론 인생의 여러 갈림길에서도 언제나 나를 올바른 길로 인도해주었다.

상식에 잡아먹히는 순간
가능성은 0이 된다

교세라는 창업 첫해부터 300만 엔 정도의 이익을 달성했다. 그 덕분에 나는 회사를 설립할 때 교토은행으로부터 빌린 1000만 엔 정도는 3년 안에 갚을 수 있겠다고 순진하게 생각했다.

그런데 회사 이익의 절반 정도가 세금으로 징수된다는 사실을 나중에서야 알게 되었다. 게다가 남은 이익에서 직원들에게 상여금을 지급하고 나자 잔금은 100만 엔 정도밖에 남지 않았다. 이 속도로는 대출금을 다 갚는 데 족히 10년은 걸리겠다는 생각이 들었다. '대출금을 끌어안고 있기 싫어서 잠을 줄여가면서까지 일을 했는데 이런 바보 같은 일이 다 있나!' 하고 망연자실하며 멍하니 허공을 바라보던 일이 지금까지도 생생하다.

회사의 대표라면서 세금이나 상여금조차 계산하지 못하고 있었으니, '조직이란 무엇이며 어떻게 운영해야 하는가?'와 같은 경영의 기본적인 질문에도 답을 알 리 만무했다. 하지만 오히려 그랬기 때문에 세상 사람들이 익히 알고 있는 경영에 관한 이론이나 상식에 얽매이지 않고 자유롭게 내 방식대로 조직을 이끌어나갈 수 있었다.

밤낮으로 쉼 없이 일을 해나가면서도 문제 상황에 직면했을 때 인간으로서 지켜야 할 가장 기본적인 원칙을 바탕으로 어떻게 그 문제를 해결하고, 또 어떻게 최대의 효과를 거둘 수 있을지 스스로에게 묻고 또 물었다.

기업 경영의 본질에 대해서도 지극히 단순한 사고방식을 기본으로 하여 모든 사안에 적용했다. 앞에서 이미 말했듯이 교세라를 설립하기 전에 근무했던 회사에서 나는 뉴세라믹스의 연구 개발 업무에만 그치지 않고 내가 개발한 세라믹 재료를 사용한 부품의 제조와 판매 업무까지 두루 담당했다. 그 덕분에 '개발', '제조', '판매'라는 경영의 세 가지 영역을 내 나름대로 잘 이해하고 있었다.

나는 기업 경영을 아주 단순한 원리로 접근했다.

개발한 기술을 바탕으로 제품을 제작해 판매하고 매출을 올린다. 그리고 그 매출에서 사용한 비용을 뺀 금액이 이익이다.

이 단순한 원리를 바탕으로 기업 경영을 채소가게 운영에 비유해보자. 고무줄로 천장에 매달아놓은 바구니 속에 물건 값으로 받은 돈을 넣고 거스름돈을 내어준다. 문을 닫고 나서는 그날 번 돈에서 새 물건을 사들일 돈을 빼고 남은 금액을 계산해보면 그것이 그날의 순수한 벌이다. 나는 이렇게 계산하는 장사의 원리가 기업 경영과 본질적으로 다르지 않다고 생각했다.

60년 이상 경영자로 살아왔지만 지금까지도 나는 경영에 관한 고정관념에 사로잡히는 일을 극도로 경계한다.

예를 들어 당기이익률이 몇 퍼센트가 나오면 우수한 기업이고, 이익률은 10퍼센트를 넘기면 상당히 우수한 기업이라는 것이 세상 사람들이 흔히 말하는 상식으로 통

한다. 하지만 이 '상식'만큼 기업을 경영하는 데 치명적인 것이 또 없다.

매해 늘 5퍼센트의 이익률을 확보하는 수출업 중심의 기업이 있다고 치자. 환율이 불리하게 변동되었음에도 경영에 온갖 노력을 기울여 최종적으로 매해 5퍼센트의 이익을 확보하고 있다. 환율이 변동하는 와중에도 그만큼의 이익을 낼 수 있다면, 그렇지 않을 때에는 더 높은 이익을 낼 수 있지 않을까?

만약 이 5퍼센트의 이익률을 '상식'이라고 규정해버리면 어떻게 될까? 그 목표를 달성하기 위해 구성원들은 온 힘을 다해 일할 것이다. 그러다가 목표한 5퍼센트의 이익률을 달성하고 나면 그때부터는 마음이 해이해지고 그 이상의 이익률을 추구하기 위해 노력하지 않을 것이다. '상식'은 달성의 목표가 될 순 있어도 그것을 넘어 더 쌓아올라갈 지표가 되지는 못한다.

이익이라는 것은 매출에서 비용을 뺀 결과에 불과하다. 경영자는 이익의 과정, 즉 매출을 최대화하고 비용을 최소화하려는 데 온 힘을 집중해야 한다. 그런 노력을 하면 자연히 이익은 따라붙게 될 것이다.

그래서 교세라는 창업 이후부터 지금까지 '최대의 매출, 최소의 비용'이라는 목표를 실현하기 위해 조직 및 경영 시스템을 개선해나가려 노력하고 있다. 이에 대해선 뒤의 장에서 내가 직접 겪은 사례와 더불어 자세히 설명하겠다.

물론 상식이라는 걸 아예 배제할 수는 없다. 굳이 상식을 부정하려는 의도도 없다. 다만 나는 회사를 설립했을 때 상식이라는 걸 잘 몰랐기 때문에 내가 세운 간단한 원칙들을 바탕으로 판단하고 경영할 수밖에 없었다. 애초부터 고정관념이 없었기 때문에 '최대의 매출, 최소의 비용'이라는 목표를 향해 노력할 수 있었던 것이다. 그리고 교세라가 높은 수익률을 유지하는 기업이 될 수 있었던 비결도 바로 이러한 결과다.

한 번은 이런 일이 있었다.

"사장님, 꺾기의 비율이 올라갔습니다."

교세라를 창업하고 얼마 지나지 않아 어느 회의석상에서 경리부장이 내게 이런 말을 했다. 회계에 대해 잘 몰랐던 나는 "꺾기가 대체 뭡니까?"라고 물었다. 그는 꺾기란 은행에서 어음을 할인해줄 때 강제적으로 일정 금액을 예금해두는 것을 뜻하고, 그 예금 비율이 올라간 것이라고 설명했다. 내가 "은행은 왜 꺾기를 요구합니까?"라고 다시 묻자, 경리부장은 이렇게 대답했다.

"그냥 그게 업계의 관행입니다."

나는 잠시 생각을 정리한 후 다시 한번 물었다.

"그러니까… 어음이 부도가 나면 은행 입장에서는 피해를 볼 수 있으니 미리 예금을 하게 해서 리스크를 회피하려는 의도입니까?"

"네, 사장님께서 말씀하신 그대로입니다."

문답은 계속 이어졌다.

"그러면 지금까지 우리는 꺾기를 해왔습니까?"

"네, 그렇습니다."

"현재의 어음 할인 잔고와 꺾기로 강제 저축한 정기예금 잔액이 얼마이지요?"

"정기예금 잔액이 어음 할인 잔고보다 많은 상황입니다."

경리부장의 말에 화가 치밀어 올랐다.

"그런 바보 같은 일이 어디 있습니까? 지금 꺾기의 비율을 문제 삼을 게 아니군요. 은행이 이미 리스크를 회피할 수 있는 상황이라면 꺾기 자체를 당장 그만두어야 하지 않겠습니까?"

그러자 회의 참석자들은 내가 기술자 출신이라 세상 물정 모른다는 듯이 실소를 터트리며 나를 만류했다.

"사장님, 은행과의 관계라는 게 있습니다. 신용이 없을 때 1000만 엔이나 융자를 해줬는데 이제 와서 우리의 입장을 일방적으로 전달하고 억지를 부리는 건 영 모양새가 이상하지요."

세상에는 참 이치에 맞지 않는 일도 허다하다고 생각하며 회의를 마무리했는데, 그 후 얼마 지나지 않아 "꺾기를 해서는 안 된다"는 대장성(현 재무성)의 의견이 신문에 실렸다.

나는 이 일을 겪으며 '원칙에 비추어 옳지 않은 일은 역시나 옳지 않은 것'이라는 깨달음을 얻었고, 내 판단에 자신감을 얻을 수 있었다.

일 앞에서 떳떳하다면
당당히 맞서라

지금껏 일본 비즈니스 시장은 해외로부터 '폐쇄적이고 융통성이 없다'는 이유로 많은 지탄을 받아왔다. 내 경험상으로도 그렇다. 일본에는 그 나름의 견고한 시장 질서가 자리를 잡고 있어서 외국 기업이 일본에 진출할 때도 굉장히 까다롭고, 자국의 신규 기업이 국내 시장에 진입할 때도 큰 어려움을 겪는다. 새로운 기업과 거래를 하려고 하기보다는 기존에 왕래했던 기업과만 거래하려는 사고 방식이 깊게 뿌리박혀 있다.

그래서 교세라를 창업했을 당시 국내 유명 전자기기 브

랜드들은 창업한 지 얼마 안 되고 이름도 알려지지 않은 교세라의 제품을 좀처럼 사용해주지 않았다.

그때 나는 이렇게 생각했다.

'일본의 전자제품 업계는 해외 기술 도입에만 의존하고 있다. 만약 해외 유명 전자기기 기업에서 교세라의 제품을 사용해준다면, 설령 아무리 이름이 알려지지 않았어도 두말할 것 없이 일본의 대기업들도 사용해주지 않겠는가? 그래, 일단 해외로 진출해보자!'

나는 영어도 못하고 무역에 관한 지식도 없었지만, 창업한 직후인 1962년에 무작정 미국 시장 개척에 나섰다. 그해 여름까지만 해도 나는 태어나서 단 한 번도 해외에 나가본 적이 없어서, 영어 회화는커녕 양변기 사용법도 몰랐다. 지금 생각해보면 부끄러운 이야기지만, 지방에 있는 어느 지인의 주택에 양변기가 있다는 소식을 듣고 일부러 찾아가 양변기 체험까지 했다.

당시는 달러 가치가 엔화에 비해 매우 높아서 미국 출장 여비만 해도 상당한 액수였다. 창업한 지 얼마 안 된 교세라 입장에서는 꽤나 부담스러운 비용이었다. 그래서 더더욱 비장한 각오를 세웠다.

'어떻게 해서든지 미국 시장을 개척하지 않으면 안 된다!'

이런 나의 굳은 결심을 직원들에게 알렸더니 모두에게 내 마음이 전해졌는지, 아니면 드디어 사장이 해외로 출장을 갈 만큼 회사가 성장했다는 사실이 기뻐서였는지 직원 모두가 교토에서 밤 기차를 타고 나리타공항까지 와 배웅을 해주었다. 공장에서 일을 마치자마자 곧바로 온 모양이었다. 기름때가 묻은 작업복 차림으로 비가 내리는데도 아랑곳하지 않고 손을 흔들며 배웅해주었다.

그런 직원들의 마음 씀씀이가 너무 고마워서 이륙한 후에도 한동안 비행기 안에서 감격에 젖어 있었다. 그러나 나에 대한 직원들의 기대를 생각하며 언제까지고 감격의 눈물을 흘리고 있을 수는 없어서, 뉴욕에 도착하자마자 짐도 풀지 않고 곧장 거래처 순회를 시작했다.

당연한 이야기지만 생각보다 일이 순조롭게 풀리지 않았다. 그곳의 무역회사를 대리점으로 삼아 영업을 했지만 뜻대로 움직여주지 않았다. 또 미국의 업무 진행 방식과 일의 진척 상태도 알지 못하니 초조함은 점점 더 커져갔다.

벌레가 득실득실한 지저분한 호텔에서 묵는 동안 밖에 나가도 영어를 할 줄 모르니 식사도 제대로 할 수 없었다.

'직원들이 한마음으로 나를 응원하고 있다. 어떻게든 주문을 따내 돌아가야 한다.'

자는 동안에도 압박에 시달려 가위에 눌리고 잠을 설쳤다. 한기가 들어서 한밤중에도 갑자기 잠에서 깨는 날들이 이어졌다.

하지만 현실은 냉정했다. 귀중한 회사의 경비를 사용했음에도 불구하고 최종 수주로 이어진 성과는 단 한 건도 없었다. 그때 나는 진심으로 '두 번 다시 미국 같은 데 오나 봐라!' 하고 가슴을 쳤다.

그로부터 3년 뒤, 그때의 힘든 경험을 교훈 삼아 더욱 기술력을 높여서 다시 한번 미국을 방문했다. 그리고 드디어 미국의 유명 전자제품 기업인 텍사스인스트루먼트에서 아폴로 계획에 사용할 핵심 부품 수주에 성공했다. 이 거래가 물꼬가 되어 미국 유명 전자공업 회사들과의 거래가 늘었고, 뒤이어 처음 의도했던 대로 일본 내 대기업들과도 거래할 수 있게 되었다.

처음 미국에 갔을 때 가장 인상적이었던 것은 미국인들

도 나와 같이 상식을 바탕으로 판단한다는 점이었다. 그리고 이러한 사실은 이후 내가 미국에서 비즈니스를 진행할 때 큰 자신감이 되고 많은 도움이 되었다.

일본의 법률은 독일의 법률을 본보기로 삼았으므로 그 기본은 성문법이다. 하지만 미국은 판례법을 취하고 있다. 그래서인지 미국인들은 일상적인 대화 도중에 '리즈너블(합리적인, reasonable)'이라는 말을 자주 사용한다. 예를 들어 어떤 사안에 대해 '이 법률 조항이 있으니까 이렇다'라고 말하지 않고, 그것이 '정당한가?' 혹은 '타당한가?'를 기준으로 판단하기 때문에 그와 같은 의미로 '리즈너블'이라는 말을 사용하는 것이다.

판결을 내릴 때에도 배심원 제도를 두어 많은 사람이 '이 안건은 이렇게 결정하는 게 좋겠습니다' 하고 서로 논의한 뒤 의견을 수렴해 결정한다. 그 판례로 사회의 규칙을 만들고, 나중에 뒤따르는 사람들은 이에 따라 판단을 내린다. 이것이 미국식 의사결정 방식이다. 그래서 그들은 어떤 일을 판단해야 할 때 스스로 심사숙고해서 충분히 합리적이라는 생각이 들면 신속하고 유연하게 결단을 내린다.

나 역시 그에 가까웠다. 나는 상사의 명확한 지시만을 바라거나 경험적인 지식에 의존해 판단하려 하지 않았다. '최소한의 원칙'을 기준으로 삼아 유연하게 판단하는 미국인들처럼, 나 역시 경영을 하며 직면한 상황마다 스스로 심사숙고하고 나의 양심과 도덕성을 바탕으로 판단을 내려왔다.

그래서 미국인들과 토론을 할 때에도 그들과 같은 무대에서 같은 판단 속도로 논의해나갈 수 있었다. 어떤 안건에 대해 그들이 '리즈너블'하다고 하고, 나도 내 생각에 '정당하다'고 판단되면 바로 그 자리에서 일치된 결론을 냈다. 그렇기에 미국에서 비즈니스를 진행해나갈 때 생각보다 순조롭게 일을 진행할 수 있었다. 이는 매사 원칙에 따른 판단이 몸에 배어 있기에 가능한 일이었다.

가진 것이 없다고, 경험이 부족하다고 소심하게 굴거나 위축된 자세로 상대를 대하면 스스로 '을'로 시작하겠다고 자인하는 꼴이다. 상대는 당신의 그러한 자신 없는 모습을 귀신같이 알아차린다. 일 앞에서 떳떳하다면 언제나 갑의 자세로 당당히 맞서라. 이것이 성공하는 가장 쉬운 방법이다.

사장은 기업의 주인이 아니라
대변인이다

1970년 무렵 교세라는 '적층 집적회로' 패키지의 개발 및 양산에 성공해 큰 수익을 내고 있었고, 또 한 번의 급성장을 이루어냈다. 창업 이후 수익은 전년 대비 50퍼센트 정도 성장세를 이어갔고, 경상이익률에서도 약 40퍼센트의 놀라운 성과를 이루어냈다.

그래서 증권회사가 수시로 우리 회사를 찾아왔고, 온갖 방법을 다 동원해 상장을 권했다. 당시 교세라는 세라믹 부품의 수주 생산만을 취급하던 회사였기에 나는 '상장'이 무엇인지 그 뜻도 잘 몰랐고 생각조차 해본 적이 없었다. 그런데 하도 끈질기게 증권회사가 찾아오니 한번 제대로 이야기를 들어보기로 했고, 그 결과 나는 회사와 직원들을 위해서라도 상장이라는 걸 꼭 해야겠다고 생각하게 되었다.

상장에는 세 가지 방법이 있다는 것도 그때 처음 배웠다. 첫 번째는 처음부터 창업자들이 가지고 있던 주식을 시장에 파는 방법, 두 번째는 회사가 신주新株를 발행해서 시장에 공개하는 방법, 세 번째는 두 가지 방법의 절충안으로 일부는 보유 주식을 팔고 일부는 신주를 발행하는 방법이었다.

일반적으로 창업자나 회사 간부가 소유하고 있는 주식을 방출해 상장을 하고, 그들에게 막대한 프리미엄이 돌아가게 하는 첫 번째 방법을 취하는 듯했다. 그것이 벤처 경영의 최종 목표라는 식으로 말하기도 했다. 실제로 증권회사에서도 '창업하고 그동안 고생했으니까 그 노고를 보상받는 의미에서라도 내가 소유하고 있는 주식을 매물로 내놓아야 한다'고 권했다.

하지만 교세라가 그간 이룬 업적과 성과는 나 혼자 성취한 게 아니었고, 내가 혼자서 할 수 있는 일도 아니었다. 아무리 그동안 내가 회사의 경영을 책임져왔다고 해도 상장을 통해 얻는 이익을 나와 몇 사람만이 독차지할수는 없었다. 그동안 피땀 흘려 일한 직원들의 수고를 가로채는 것이나 다름없게 들렸다. 그래서 나는 증권회사의 제안을 거절하고 두 번째 방안인 신주 발행에 의한 주식 상장을 결심했다.

'경영자란 무엇인가?'

상장을 앞두고 나는 스스로에게 끊임없이 이런 질문을 던졌다. 당시의 나는 교세라의 사장인 동시에 이나모리 가즈오라는 개인이기도 했다. 즉, 회사의 대표와 개인이라는 각각 다른 지위와 역할을 동시에 수행하고 있었다. 시대와 사회의 기대에 부응해 회사를 바람직한 방향으로 이끌 것인가, 아니면 개인의 이익을 위해 움직일 것인가? 그 선택의 기로에서 경영자의 존재 의식이 요구된다고 생각했다.

또 '기업이란 무엇인가?'라는 질문에 대해서도 깊이 고민했다. 기업이 스스로 목소리를 내지 않는 만큼 가장 위에 있는 기업의 대표가 기업의 존재 의미와 목적을 대변해주지 않으면 안 된다는 생각이 들었다.

상장하게 되어 창업자의 주식을 방출하고 공개하는 것

이 나쁜 일은 결코 아니다. 그런 경영자도 죄의식을 가질 필요는 없다. 그런데 만약 기업이 말을 할 수 있다면 상장을 앞둔 기업 경영자에게 이렇게 말하지 않을까? '사장님, 죄송합니다. 지금은 기업이 더 성장하기 위해 설비 투자가 필요합니다. 상장으로 얻는 프리미엄을 여기에 돌려주시면 감사하겠습니다!' 경영자는 개인인 동시에 법인의 대표, 즉 기업의 대변인이 되어야 한다.

1971년 10월의 첫날, 교세라는 신주 발행을 했고 오사카와 교토의 증권거래소에 주식을 상장했다. 첫 거래에서 교세라의 실적이 높은 평가를 받아 주문이 쇄도했고, 공모 가격 400엔에서 조금 더 오른 590엔으로 시초가가 형성돼 매매주는 80만 주까지 올라갔다. 그리고 이 신주 발행으로 얻은 금액은 모두 교세라로 들어와 그 후 기업의 발전에 큰 동력이 되었다.

상장이라는 기업 운명의 분수령에 이르렀을 때, 나는 '기업과 경영자는 어떤 식으로 존재해야 하는가?'를 깊이 생각했고, 개인적인 이익을 내려놓더라도 회사가 발전하는 방법을 취했다. 이 판단이 교세라를 더욱 발전할 수 있게 했다고 굳게 믿는다.

제품이 아니라
가치를 만든다

"우리는 고객의 일꾼이 되어야 합니다."

나는 늘 직원들에게 이렇게 말한다. 이는 고객을 대하는 우리의 태도, 즉 '우리는 철저하게 고객을 돕는다'는 원칙을 뜻한다. 연구, 제조, 판매 등 어느 분야를 막론하고 교세라는 철저하게 고객의 요구를 소중히 여기는 마음으로 운영되어왔다. 사실 이제 막 문을 연 벤처기업이 할 수 있는 것이라고는 그것밖에 없었고, 그런 마음이 우리가 살아남을 수 있는 유일한 길이었다.

특히 나는 직원들에게 '고객의 일꾼이 되기를 자처하며

이를 기꺼이 감수하고 받아들여야 한다'고 강조했다. 여기서 '감수한다'는 의미는 마지못해 하라는 뜻이 결코 아니다. 스스로 기뻐하며 기분 좋게 고객의 일꾼이 되려는 자발성이 있어야 한다는 말이다.

고객의 일꾼으로 일하고자 하는 마음이 없으면 그 어떤 뛰어난 판매 전략도 그림의 떡이 되어버린다. 또 일시적으로 성공했다고 해도 단발성으로 그쳐버릴 가능성이 커 지속적인 성장을 이어갈 수 없다. 고객에게 철저히 봉사하는 것, 이것이 교세라 경영의 대원칙 중 하나다.

다만 철저히 봉사하려 해도 분명 여러 한계가 존재한다. 예를 들어 가격을 아무리 싸게 제공하고 싶다고 해도 우리가 손해를 보는 가격으로는 판매할 수 없다. 하지만 고객을 대하는 태도와 서비스만큼은 한계가 없다. 일꾼이 되어 철저하게 고객에게 서비스하는 일은 마음만 먹으면 무한대로 에너지를 쏟고, 그에 따른 결과를 기대할 수 있는 유일한 전략이다.

한편 고객에게 아무리 영업을 잘한다고 해도 그들에게 필요한 물건이 없으면 그 영업은 말짱 도루묵이 된다. 항상 고객이 필요로 하는 제품의 구색을 갖추는 것도, 또 언제든지 그런 제품을 개발할 수 있는 기술력을 갖추는 것도 그래서 무척 중요하다. 하지만 벤처기업처럼 규모가 크지 않은 회사가 충분한 종류의 제품이나 개발력을 갖추는 것은 쉽지 않은 일이다.

간혹 열과 성을 다해 영업한 거래처에서 뜬금없이 이런 말을 할 때가 있다.

"우리는 이런 제품이 필요한데 기존에 거래하던 회사에는 이런 제품이 없더라고요. 혹시 교세라에서 만들어주실 수 있을까요? 그러면 저희와 당장 계약하시죠."

이들이 요구하는 사양은 대개 업계나 자사의 기술 수준을 훌쩍 뛰어넘는다.

이런 고객의 요구를 들었을 때는 그것이 현재 자사의 제품군에 존재하지 않아도, 또 기술력이 부족하다 해도 '지금은 없지만 혹은 아직은 기술이 부족하지만 얼마든지 가능합니다'라는 태도로 임하는 것이 중요하다. 그리고 그때부터 '어떻게 개발해야 할까?', '어떻게 단기간에 납품할 수 있을까?'를 검토하고, 그런 주문을 해준 고객에게 폐를 끼치지 않도록 전력을 다해 제품 개발에 매진해야 한다. 특히 벤처기업일수록 그런 자세가 꼭 필요하다.

스스로의 능력을 현재의 시점으로만 단정해서는 안 된다. 지금 할 수 없다고 해서 앞으로도 할 수 없을 것이란 생각은 잘못됐다. 자신의 능력을 미래진행형으로 생각하는 자세가 필요하다. 현재 자신의 능력보다 더 큰 목표를 일부러 설정하는 것이다.

처음부터 지금은 절대로 불가능하다고 생각될 정도의 높은 목표를 미래의 어느 시점에 달성하겠다고 정해두라. 그리고 자기 능력이 어떻게 하면 그 목표에 이를 수 있을지를 절실히 고민하라. 현재의 능력만 가지고 '가능한가, 불가능한가?'를 판단해서는 절대로 새로운 일을 시작할 수 없다. 지금 할 수 없는 것을 어떻게든 해내려고 노력하지 않으면 결단코 창조적인 일을 해낼 수 없다.

자기 능력을 미래진행형으로 설정하지 않으면 벤처기업은 새로운 비즈니스 영역으로 자사의 업무 범위를 확장할 수 없다. 고객의 요구를 곰곰이 생각하고, 자사의 기술 잠재력을 감안해서 '이런 사양으로 이 납기일 안에 꼭 만들 것이다'라고 그 자리에서 자신만만하게 말할 수 있어야 한다. 그럴 수 없다면, 안 그래도 인지도가 낮은 벤처기업은 비즈니스 기회를 잡을 수 없다.

손이 베일 듯
완벽한 품질을 고집하라

품질 역시 마찬가지다. 경쟁 회사보다 우수한 제품을 고객에게 안정적으로 공급할 수 있는 체계를 갖추지 않으면 그 회사는 언젠가 스스로 몰락하고 말 것이다.

창업 당시부터 나는 품질에 대해서만큼은 타협하지 않았다. '손이 베일 듯한 제품'이 아니면 절대로 고객에게 납품할 수 없다고 직원들에게 이야기해왔다. 손이 베일 듯한 제품이란 막 나온 신권 지폐 같은 감촉을 느낄 수 있는 그런 멋진 제품을 가리키는 말이다. 그런 제품이 아니면 고객을 진심으로 만족시킬 수 없다.

예전에 어떤 연구자가 수개월 동안 고생한 끝에 겨우 제품의 샘플을 완성해 이를 내게 보고하러 왔다. 실제로 그는 밤잠도 거의 자지 않고 그 샘플 제작에 온 시간을 다 바쳤다. 하지만 나는 그가 만든 샘플을 보자마자 냉정하게 퇴짜를 놓았다.

"색이 잘못되었네. 나는 더 높은 수준의 제품을 기대하고 있네. 간신히 만족할 정도의 성능을 가진 제품이 아니야. 이런 제품은 절대 납품해선 안 되네."

내 말을 들은 그는 입술을 꽉 깨물며 울음을 참는 듯했다. 그는 차마 말로 다할 수 없는 고생을 했다며 내게 하소연했다. 감정을 억누르지 못하고 이렇게 대답했다.

"색이 틀렸다고 해도… 제품의 성능은 충족시켰습니다."

자신이 몇 달 동안 노력해 연구하고 완성한 제품이 단칼에 거부당했으니, 그가 화내는 것을 한편으로는 이해할 수 있었다. 그렇다고 해도 나는 타협하지 않았다. "나에게 '눈에 차는' 제품은 이런 색을 한 세라믹 제품이 아니네"라고 말하며 다시 만들어올 것을 지시했다. 그리고 내 머릿속에 있는 최고의 제품과 똑같은 샘플이 나올 때까지 몇 번이고 다시 만들어오도록 주문했다.

그때 나는 이렇게 말했다.

"자고로 개발자는 손이 베일 듯한 제품을 만들지 않으면 안 된다네. '너무 완벽하고 훌륭해서 만지면 손이 베일 듯하다'는 말을 들을 만한 제품을 만들어야 하네."

여기서 말한 '손이 베일 듯한' 제품이란 훌륭한 성능을 가지고 있을 뿐만 아니라 색과 형태도 흠잡을 데가 없는 제품을 뜻한다. 또 고객이 요구한 기준 그 이상의 품질을 지닌 제품이라는 뜻이기도 하다. 나는 늘 이렇게 말해왔다.

"오버 스펙이어도 좋으니 노력을 아끼지 마세요. 손이 베일 것처럼 완벽한 제품을 만들겠다는 마음이 개발자에게 가장 중요합니다."

비용 산출은 나중의 문제다. 일단은 최고 품질의 제품을 만들어내는 것이 사업가의 존재 이유다. 그런 다음에 비용을 고려해 얼마나 생산할지를 검토해보는 방법을 취해야 한다고 생각한다.

제품에는 만드는 사람의 마음이 고스란히 스며든다. 조잡한 마음으로 만들면 조잡한 제품이, 섬세한 마음으로 만들면 섬세한 제품이 나온다. 그런데 우리는 조잡한 자세로 조잡한 작업을 거쳐 만들어낸 제품 중 그나마 나은 제품을 고르고 있진 않는가? 나는 완벽한 작업 공정 아래서 '제품이 내게 걸어오는 말에 귀를 기울인다'고 할 만큼 섬세하게 집중하며 '손이 베일 듯한' 제품을 만들어내기 위해 내 인생을 바쳤다.

고객의 존경을
매출로 바꾸는 방법

나는 경영의 사명을 좌우하는 것은 '가격 결정'이라고 생각한다.

제품의 가격을 결정하는 데는 여러 방식이 있다. 예를 들어 '가격을 내려 마진을 줄이고 대량으로 만들어 팔 것인가', 아니면 '가격을 올려 소량을 판매하더라도 마진을 많이 취할 것인가' 등으로 고민해볼 수 있다. 그리고 이러한 가격 결정은 경영자의 사상을 고스란히 반영한다.

어떤 제품의 가격을 정할 때 앞으로 얼마나 팔 것인지, 또 얼마의 이익이 날 것인지를 예측하는 일은 굉장히 어렵다. 가격을 너무 높게 설정하면 제품이 팔리지 않고, 반대로 팔린다고 해도 가격이 너무 낮으면 이익이 나지 않기 때문에 어느 쪽이든 가격 결정을 잘못하면 큰 손실을 입게 된다.

자사 제품의 가격을 정확하게 인식한 다음, 제품 1개당 이익과 판매 수량을 곱한 값이 최대치가 되는 한 지점을 찾아 그것으로 가격을 결정해야 한다. 물론 그 값은 '고객 입장에서도 충분히 만족할 만한 가격'이어야 한다.

기업에서는 이렇게 심사숙고해서 결정한 가격으로 최대의 이익을 만들어내려는 노력을 기울여야 한다. 그때 '재료비, 인건비 등 총 비용이 얼마'라는 식의 고정관념이나 상식은 모두 버려야 한다. 제품의 값을 가장 낮은 수준으로 정하되, 정해진 사양이나 품질 등 주어진 요건을 모두 만족하게 하는 범위에서 제조하려는 노력이 필요하다.

예로부터 장사의 비법은 고객에게 신용을 얻는 것이라고 했다. '돈을 벌다'라는 뜻의 한자 '쌓을 저(儲)'는 '믿음'이라는 뜻의 한자(信)와 '사람'이라는 뜻의 한자(者)가 합쳐진 형태다. 믿어주는 사람이 늘어남에 따라 이익이 증가한다는 것은 이처럼 오래전부터 내려오던 말로, 우리 모두 익히 알고 있는 사실이다. 이것이 틀린 말은 아니지만, 나는 분명 그 이상이 존재한다고 생각한다.

물론 신뢰는 비즈니스의 기본이고 비즈니스에서 우선적으로 요구되는 것은 고객이 신뢰할 만한 실적을 쌓아가는 일이다. 하지만 신뢰 위에 한 가지가 더 필요하다. 바로 '덕德'이다.

'좋은 품질의 제품을 합리적인 가격으로 정해진 납기에 맞춰 제공한다.' 이는 모두 수치화가 가능하다. 이러한 신념을 지키기 위해 노력하면 고객에게 확실히 신뢰를 얻을 수 있다. 하지만 나는 여기에서 더 나아가 '고객으로부터 존경받는 회사가 된다'라는, 한 단계 더 높은 차원의 신념을 세웠다.

만약 고객에게 존경받는 회사가 되면, 다른 회사와 품질이 비슷할 때에도 고객으로부터 선택받을 수 있다. '같은 조건이라면 더 존경하는 회사의 제품을 사고 싶다'고 생각하게 되는 것이다.

반대로 아무리 품질이 좋아도 '왠지 그 회사의 제품은 사고 싶지가 않다'는 마음을 고객이 갖게 되면, 가격을 낮추고 영업을 더 열심히 해도 무너진 신뢰를 회복하기가 어렵다.

존경의 단계에 이르기까지 고객과의 절대적인 신뢰 관계를 구축하는 것, 그것이야말로 진짜 비즈니스 아닐까? 그러기 위해서는 경영자는 물론 직원들까지도 존경받을 가치가 있는 높은 인격을 갖춰야 한다. 기업은 경영자를 비롯한 직원들을 비추는 거울이다. 그렇기에 경영자는 늘 자신의 양심을 되돌아보고 인격의 수준을 향상시키기 위해 부단히 노력해야 한다.

뒤꽁무니를 쫓는 건
당신이 할 일이 아니다

사람들은 교세라에 대해 '파인세라믹스라고 하는 성장성 있는 사업에 남들보다 한발 빨리 진입했기 때문에 뛰어난 기술력을 확보한 것이다'라고 평가한다. 또 '시류도 잘 탔기 때문에 지금의 성과를 이룰 수 있었다'고 말하는 사람들도 있다. 우리가 선견지명이 있고, 기술력이 있고, 거기에 운까지 따라서 큰 발전을 이룩한 회사라는 것이다.

하지만 나는 조금 다르게 생각한다. 그런 평가는 감사하기는 하나, 우리의 다양한 강점 중 한 면만을 바라본 것에 지나지 않는다. 나는 교세라가 파인세라믹스가 아닌 다른 사업 분야에 진입했어도 똑같이 성공했을 것이라 확신한다. 교세라는 새로운 사업에 도전하고 성공하는 데 필요한 모든 것을 갖추고 있기 때문이다.

신규 사업을 펼치는 데는 '여러 사정 따지지 말고 일단 도전하는' 맹렬한 자세가 있어야 한다. 대개 많은 사람이 신규 사업을 앞에 두고 자금력과 기술력, 마케팅 능력 등이 가장 중요하다고 생각하는 것 같다. 하지만 그런 경영 자원은 필요조건이지 충분조건은 아니다. 그보다 우선하는 것은 과감히 도전하는 자세다.

실제로 나는 새로운 사업에 계속 도전해왔다. 어떤 역경을 마주해도 단 한 번도 포기한 적이 없었다. 나는 이러한 불굴의 정신을 직원들과 공유했고, 그 중요성을 입증하기 위해서라도 다양한 분야에서 사업을 펼쳐왔다.

그 결과 교세라는 파인세라믹스 부품 사업에 그치지 않고 태양전지, 프린터, 휴대전화와 같은 일반 소비재 제품부터 KDDI 등 전기통신 사업까지 여러 분야에 진출해 각각에서 모두 다 성공을 거두었다.

기업이 발전과 혁신을 멈추고 이미 이룩한 업적을 지키는 일에만 관심을 두면, 그때부터 쇠퇴의 조짐이 싹트기 시작한다. 그렇게 되지 않기 위해 다음, 또 그다음 신규 사업으로 진출해 성공을 이어나갈 필요가 있다. 그러면 직원들도 과감하게 사업을 전개하는 과정에서 마음이 고무되어 더욱 노력하고 전념할 것이다.

경영자는 늘 도전자가 되어야 한다. 선두로 달리는 경영자가 쓰러져도 그 정신을 계승한 직원이 앞서가던 경영자를 앞질러 계속 도전하도록 독려해야 한다. 그렇게 실패를 두려워하지 않고 끊임없이 과감하게 도전하는 기업 문화를 만들어가야 한다.

'도전'이라는 말이 용감해 보이기도 하고 듣기 좋은 소리 같기도 하지만 사실 도전에는 늘 큰 위험이 따른다. 그래서 나는 신규 사업에 도전할 때마다 '리스크를 견딜 수 있을 만큼의 탄탄한 재무 구조를 갖춘다'는 분명한 원칙을 조건으로 내걸었다.

1984년에 일본의 통신 사업이 자유화되어 다이니덴덴을 창업하고 시장에 뛰어들었을 때였다. 그때 교세라는 1000억 엔 이상의 내부 보유금을 갖고 있어서, 만일 통신 사업에서 실패한다고 해도 기업의 기둥뿌리까지 흔들릴 일은 없었다.

그런 보장이 있었기에 과감하게 신규 사업을 펼쳐 나갈 수 있었던 것이다. 이런 재정적인 뒷받침 없이 무작정 도전하는 것은 만용일 뿐이다. 어떤 위험을 만나도 안전하게 목표를 향해 나아갈 수 있도록 기업이 충분한 자금력을 갖추고 있어야 하고, 이를 바탕으로 사업을 펼칠 계획을 세워야 한다.

또한 도전에는 부단한 노력과 역경을 마주하는 용기가 필요하다. 힘든 과정을 견뎌낼 각오도 없이 사업에서 성공하는 일은 결코 일어나지 않는다. 이런 자격을 갖추지 못한 사람이 '도전'이라는 말을 함부로 입에 담아서는 안 된다. 확고한 재정 기반은 물론이고, 도전하는 자세와 각오까지 지닌 사람만이 독창적인 사업에 도전해 성공을 거두어낼 수 있다고 확신한다.

벤처기업의 경영자는 항상 '새로운 것'에 도전하는 사람이어야 한다. 바꾸어 말하면 정체된 것, 안정된 것을 바라서는 안 된다는 뜻이다. 반대로 넘칠 듯한 희망과 한없는 꿈을 미래에 그리는 사람이 되어서도 안 된다.

나는 젊은 사업가들에게 늘 이렇게 조언한다.

상식에 사로잡히지 않는 사람이 되세요. 상식에 사로잡히지 않으려고 노력하는 그 순간부터 가능성의 길이 열립니다. 그 사실을 굳게 믿는 사람이 되어야 합니다.

꿈이 현실이 되게 하려면 강렬한 의지와 열정이 필요하다. '이렇게 되고 싶다', '이렇게 해야 한다'는 강한 의지는 사람 마음의 가장 깊은 곳에 있는 혼에서 강렬하게 솟구쳐 오른다.

어떤 역경이 있어도 그것을 뛰어넘으려는 사람, 성취할 때까지 끝까지 해내려는 강한 의지가 몸속 깊은 곳에서 끓어오르는 사람. 그런 사람이 아니면 결코 새로운 사업을 성공시킬 수 없다.

'그냥 한번 해볼까?', '남들도 다 하니까 나도 한번 해볼까?'라는 마음 정도로는 절대로 사업에서 성공할 수 없다. 어떤 고난을 마주쳐도 결코 포기하지 않고 반드시 실현하려는 강렬한 집념이 없으면, 신규 사업을 성공적으로 이끌 수도 없고, 사업을 다각화해 새로운 도약을 꿈꿀 수도 없다.

나는 기술자로 사회생활을 시작해 오랜 기간 연구 개발 분야에 종사해왔다. 그렇게 연구 개발에 몰두하며, 이 일은 마치 수렵민족이 사냥감을 몰아 사냥하는 것과 비슷하다는 점을 깨달았다.

수렵민족은 창 한 자루를 손에 쥐고 사냥감의 발자취를 쫓는다. 밤에 잠도 자지 않으며 사냥감의 서식지를 찾고 그들의 이동 경로를 파악한다. 그렇게 사냥감의 행태를 알아낸 뒤 결국 그들을 한곳에 몰아넣고 어떻게든 숨통을 끊는다.

연구 개발도 똑같다. 적당한 결심과 의지로는 결코 새로운 결과를 얻을 수 없다. '무슨 일이 있어도 그런 존재가 되고 싶다'는 간절한 소망, '어떻게 해서든 해내지 않으면 안 된다'는 책임감, '약한 소리 하지 말고 끝까지 버티자'는 의지를 갖고 마지막까지 한 가닥 끈을 놓지 않는 것이 연구 개발자의 자세다.

이는 비단 연구실의 연구자뿐만 아니라, 세상에 없던 유·무형의 모든 재화와 서비스를 기획, 개발, 생산하는 사람 모두에게 해당하는 일의 태도다.

"잠재의식까지 투철하게, 강렬한 소망을 품읍시다. 그

소망으로 자기가 세운 목표를 관철합시다."

나는 늘 직원들에게 이렇게 강조해왔다. 강렬한 소망이 있으면 반드시 목표는 달성된다. 소망이 강렬하면 그것이 잠재의식에까지 깊이 침투하게 되고, 그 잠재의식 아래 있는 소망은 자고 있을 때도, 아무것도 생각하지 않을 때도 작동해서, 저절로 소망을 성취하기 위한 행동을 취하게 한다.

독창적이라는 것은 말 그대로 다른 사람이 한 적 없는, 혹은 남들이 불가능하다고 말하는 것을 실현하는 것이다. 물론 아무도 한 적이 없는 완전히 새로운 것에 도전하는 일만큼 어려운 것은 없다. 창조적인 일을 한다는 것은 마치 한 치 앞도 보이지 않는 어둠 속을 안내자 없이 홀로 걷는 것과 같다. 그런 곳에서는 똑바로 서서 걸어 다니는 것조차 아슬아슬한 일 아닐까. 분별없이 덤비다가는 구덩이에 발이 걸려 넘어질지도 모른다.

한편 겁이 많다거나 매사 신중한 사람은 두려움에 휩싸인 채 손으로 더듬거리며 앞으로 나아갈 것이다. 그들 중에는 앞으로 한 발짝도 나아가지도, 뒤로 물러서지도 못한 채 가만히 벌벌 떨기만 하는 사람도 분명 있을 것이다.

하지만 사업가의 진면모는 미지의 분야를 개척하려고 할 때 드러난다. 이때 그 사람의 성격과 성향이 단적으로 드러난다.

전인미답의 길을 걷는 것과 앞서 간 사람의 자취를 좇는 것은 전혀 다른 일이다. 완전히 다른 마음가짐이 필요하다. 전자의 경우 확인할 수 있는 것은 자기 자신뿐이라 직접 자기 손으로 만져보고, 자기 발로 디뎌보고, 자기 머리로 확인해보고, 또 때로는 넘어져도 보면서 앞으로 나아가지 않으면 안 된다. 후자의 경우는 앞사람의 발자국만 똑같이 밟으며 좇아가기만 하면 된다.

정해진 방식대로, 늘 하던 대로 하는 것은 쉬운 일이다. 실패할 확률도 적다. 하지만 늘 얻던 것만 얻을 뿐이다. 그 안에서는 그 어떤 새로운 것도 탄생하지 않는다. 관행과 규칙을 파괴하지 않고선 아무것도 창조할 수 없다.

정말로 창조적인 일을 시작하려고 할 때 가장 중요한 것은 스스로를 향한 신뢰, 즉 자신감을 갖는 것이다. 내면에 있는 자신만의 확고한 판단 기준을 믿고 행동할 자신감이 없다면, 창조의 길을 모색하는 도중에 방향을 잃게될지도 모른다.

자신을 향한 분명한 신뢰를 가지고 전인미답의 길을 걸어가는 사람이 되어야 한다. 분명 그런 사람만이 진정한 창조의 길에 올라설 수 있고, 나는 그것이 사업의 본질이라고 생각한다.

완벽하다고
자신할 수 있는가

연구 개발이나 신규 사업 등 창조적인 영역에서 일하는 사람은 기술적으로 뛰어난 것은 물론이거니와 자기 자신만의 척도, 즉 판단 기준을 가진 사람이어야 한다.

예컨대 내가 중학교에 다니던 시절, 수업 시간에 실시한 실험은 그야말로 엉터리나 다름없었다. 화학 실험에서 분석 결과가 교과서에 실린 데이터와 제대로 맞은 적이 단 한 번도 없었다. 선생님이 보여준 것과는 늘 다른 결과가 나왔기 때문에 실험을 다시 해서 데이터를 수정하는 일이 여러 차례 반복되었다.

그때는 기준으로 삼을 전례가 있었기 때문에 내 잘못을 알고 수정할 수 있었다. 하지만 교과서처럼 비교해야 할 대상이 아무것도 없다면, 내가 옳은지를 어떻게 확인할 수 있을까? 수정이 필요한지 아닌지조차 판단하기 어렵다. 바로 이것이 사업이다. 회사를 떠나 사업을 시작하는 순간, 의심 없이 참고할 수 있는 답안지는 사라지는 것이다.

이때 중요한 것이 바로 '완벽주의'다. '이 정도 하면 되겠지!' 하고 마는 것이 아니라, '완벽에 가까워질 때까지 무한히 반복한다!'는 자세가 그것이다.

대다수의 의사는 처자식이나 부모님 등 가족의 병을 진단하는 것을 매우 꺼린다고 한다. 더구나 외과 수술을 해야 하는 경우 자기가 메스를 쥐지 않고 본인이 신뢰하는 의사에게 부탁하는 것이 일반적이라고 한다. 진단하고 수술해야 하는 환자가 자신의 가족일 때, 자신이 내리는 판단을 신뢰하기가 어려워서다.

전쟁 중에 해군 항공대에서 정비 일을 하셨던 큰아버지도 비슷한 말씀을 하신 적이 있다. 폭격기에는 정비를 담당한 사람이 기관사로서 반드시 함께 타야 하는데, 그때 자신이 정비한 비행기에는 타지 않고 자신의 전우가 정비한 비행기에 서로 바꿔 탄다고 한다. 왜 그랬을까? 매일 철저하게 정비를 했다면 그 비행기의 안전에 자신이 있었겠지만, 왠지 모르게 스스로를 완벽하게 믿지 못했기 때문에 동료가 정비한 비행기에 탑승했던 것은 아닐까?

앞서 말한 의사도 마찬가지다. 그가 아무리 완벽하게 열중해서 일하는 의사라고 해도 스스로를 100퍼센트 믿기는 어렵다. 절체절명의 순간에 심리적으로 흔들릴 것이라고 의심하는 것이다.

하지만 내가 만일 외과 의사이고 가족에게 수술이 필요한 상황이라면 나는 그 누구에게도 맡기지 않고 직접 집도할 것이다. 내가 정비사라 해도 나는 내가 정비한 비행기에 탑승할 것이다. 나는 그만큼 완벽을 추구하는 삶, 결코 흔들리지 않는 삶을 매일 계속해서 살아가는 일에 자신이 있다.

사람들이 착각하는 것이 있다. '이 정도 했으면 충분하겠지? 늘 하던 만큼 꼼꼼하게 살폈으니 문제는 없을 거야.'

아흔아홉 번을 완벽하게 정비해도 마지막 한 번을 대충

정비하면 그것은 완벽이 아니다. 운이 좋아 사고가 나지 않는다고 해도 그것은 어디까지나 요행이 따랐을 뿐이지, 결코 자신의 실력이 아니다.

매일이 완벽해야 비로소 자신감을 갖고 스스로 나아갈 길의 방향을 정할 수 있다. 반대로 말하면, '스스로 생각해도 완벽하다'는 자긍심으로 하루하루를 살아가지 않으면 자신을 믿을 수 없기에, 삶은 이내 어디로 튈지 알 수 없어 길을 헤매는 비행이 되고 말 것이다. 자신에 대한 단단한 믿음이 없는 사람은 누군가의 지적과 참견에 정신없이 휘청거릴 수밖에 없다. 혼란스러운 상황에 처했을 때 자신을 지탱해주는 것은 오직 완벽에 대한 집요한 집착뿐이다.

'그래, 어디 한번 지적해볼 테면 해봐라! 나는 하늘과 땅이 부끄럽지 않을 정도로 완벽을 기했으니!'

완벽은 자신에게 관대해지려는 마음을 애써 누르고, 변명을 용서하지 않고, 언제나 가차 없는 태도로 자신을 닦아세우는 자세를 뜻한다. 필요한 순간에만 집중하면 된다는 헐거운 자세와는 차원이 다르다. 바짝 조이는 긴장감으로 매일 일에 몰두하고, 모든 일을 진심으로 대하는 습

관을 내 것으로 만들어야 한다.

이렇게 섬세하게 신경을 가다듬을 때, 그것이 본성처럼 몸에 배는 것이다. 그리고 그렇게 되면 전혀 경험한 적이 없는 창조적인 분야에서도 흔들리지 않고 올바른 판단을 내릴 수 있게 된다.

3장

조직을 혁신할 수 있는가

나는 중소기업이나 중견기업을 이끌고 있는 젊은 사업가들을 대상으로 '세이와주쿠'라는 경영 학원에서 기업 경영의 원리와 경영자의 마인드를 가르쳤다.

지금으로부터 30여 년 전, 일을 마치고 교토의 밤거리에 술을 마시러 나가면 교토청년회의소의 젊은 사업가들과 만나는 일이 종종 있었다. 그들은 나를 만날 때마다 "부디 저희에게도 회사를 성장시키는 회장님만의 노하우를 가르쳐주십시오!"라고 청해왔다. 술자리에서 지나가며 한 이야기이기도 해서 그때마다 나는 "언젠가 시간적 여유가 생기면 꼭 그렇게 하지요"라는 말로 격려를 대신하곤 했다.

그런데 그들은 내 말을 잊지 않고 이번에는 나를 직접 찾아와 "회장님, 벌써 약속하신 지 한참이 지났습니다. 더 이상 기다릴 수 없습니다. 빨리 저희를 가르쳐주세요!"라고 강력하게 요청해왔다.

그들의 눈빛을 보니 더 이상은 미룰 수가 없어서, "그렇다면 제가 회사 일을 마친 후 밤에 모인다는 조건이 가능하다면 그렇게 해보겠습니다"라고 대답했다. 바로 이렇게 시작된 것이 세이와주쿠의 전신 '세이유주쿠(盛友塾)'였다.

경영 학원을 시작하고 얼마 지나지 않아 놀랍게도 소문이 옆 동네에까지 퍼졌다. 그새 이야기를 전해 들은 오사카의 젊은 사업가들까지 한 무리가 나를 찾아와 이렇게 요청했다. "교토에서만 들을 수 있다는 건 너무 불공평합니다. 부디 오사카에서도 가르침을 전해주십시오!"

어쩔 수 없이 분원을 만들었고 그때 '세이와주쿠'라고 이름 붙였다. 그러자 이번에는 고베에서도 사업가들이 찾아왔고 자연히 고베에도 학원을 열게 되었다. 그렇게 점차 시가, 가고시마, 도야마, 도쿄 각지로 학원이 확장되었다.

1991년 어느 날 각 분원에서 업무를 보는 사람

들과 이야기를 나누던 중에 어느 직원이 이런 말을 꺼냈다.

"세이와주쿠를 자기가 일하는 지역에서도 열어달라는 사람들이 너무 많습니다. 분원을 전국으로 확대하고 각 분원을 조직화할 필요가 있습니다."

그의 말에 직원들이 모두 동의했고 결국 그들의 노력으로 불길 번지듯 일본 각지에 세이와주쿠가 생겨나게 되었다.

사업은
사업가의 그릇만큼 성장한다

세이와주쿠는 '경영이라는 것을 나도 한번 제대로 배워보고 싶다'는 젊은 사업가들의 진지한 바람에서 시작된 만큼 입학 절차가 꽤 까다롭다. 입학을 희망하는 사람은 먼저 입학해 다니고 있는 선배 경영자들에게 심사를 받아야 한다. '왜 이곳에 들어오고 싶은지'에 관한 입학 동기를 묻는 질문에서 시작해 마치 촘촘한 체로 걸러내듯 까다로운 선발 과정을 거친 다음, 학습 의지와 목표 의식을 가진 사람만을 선별한다. 세이와주쿠의 학생들은 종사하는 업종도, 운영하고 있는 기업 규모도 천차만별이지만 모두 동일하게 명확한 목적의식을 가지고 배우러 온다.

나는 세이와주쿠에서 '이렇게 하면 경영을 잘할 수 있다'는 간단한 경영 노하우를 직접 가르치지는 않는다. 기업 경영에 필요한 회계학이나 관리회계 등의 경영 기법은 기회가 생길 때 다루기는 하지만 그것이 내 강의의 주된 내용은 아니다.

내가 그 무엇보다 그들에게 가장 반복해서 강조하는 것은 경영자가 지녀야 할 자세, 즉 '한 사람으로서 어떻게 살아가야 하는가?'이다.

아무리 작은 사업체라도 최소 한 사람 이상을 고용하고, 그 직원과 회사를 돌봐야 하는 기업 경영자는 막중한 책임을 안고 있다. 나는 선배 경영자로서 그런 중책을 맡아 열심히 살아가려고 하는 초보 경영자에게 '인생을 어떻게 살아야 하는가?'라는 질문을 스스로 던질 수 있도록 가르쳐야 한다는 책임을 느꼈다. 그것이 바로 경영에 직결되기 때문이다.

나는 경영이라는 것은 경영자의 그릇만큼만 자란다고 생각한다. 기업을 발전시키기 위해서는 경영자 스스로가 인간적으로 성장하지 않으면 안 된다. 특히 중소기업처럼 규모가 작은 회사에서 경영자가 가진 영향력은 가히 상상 이상이다. 그 판단이 회사의 명운을 좌우하고 직원들의 운명을 결정하기 때문이다. 그리고 최종적으로 경영자의 판단을 이끄는 것은 그 사람의 인격이다.

그래서 경영자는 가장 먼저 자신의 그릇을 키우기 위해 노력해야 한다. 매 순간 '인간으로서 인생을 어떻게 살아야 하는가?'라는 질문을 던지고 '스스로 뜻과 정신을 높이 둔다'고 각오해야 한다. 이런 마음가짐을 배우고 실천하며 경영자가 인격적인 성장을 이루면 그것이 바른 경영 판단을 이끌어내고 결국 기업은 성장하고 발전한다.

내 가르침의 핵심은 단 하나다.

"뜻을 높이고 경영을 발전시킨다."

이는 오랜 기간 경영에 종사해온 나의 신념이자 세이와주쿠의 모토이기도 하다.

그렇다면 사업가의 뜻을 높이기 위해 세이와주쿠에서는 무엇을 행할까?

학생들이 자체적으로 함께 모여 서로 생각을 주고받는

'학생 모임'도 있지만, 내가 참여해 1시간 정도 강의를 하는 '학생회장 모임', 또 학생들의 질문에 내가 그 자리에서 답하는 '경영 즉문즉답', 학생이 이곳에서 배운 내용을 바탕으로 어떻게 경영을 발전시켜왔는지 자신의 실제 체험을 공유하는 '경영 체험 발표'가 있다.

또 각각의 공부 모임을 마친 다음에는 반드시 친목회에 참석해야 한다. 그 자리에서 내가 있는 테이블까지 달려와 진지하게 묻는 학생들의 질문에 대답하다 보면 나도 모르게 늘 무릎을 맞대고 붙어 앉아 경영 지도를 하게 되고, 때로는 엄하게 가르치기도 한다.

그렇게 우리가 주고받는 이야기를 들으며 경영을 배우려고 하는 학생들이 있다 보니, 어느샌가 내 주변에는 열 겹, 스무 겹으로 사람 장막이 생겨난다. 이렇게 사람들이 자연스럽게 서로를 둘러싸고 모여드는 모습이 세이와주쿠의 상징적인 광경이다.

'경영 즉문즉답', '경영 체험 발표'와 같은 세이와주쿠의 수업과 토론 모습을 기록해, 그야말로 살아 있는 경영 교재인 기관잡지 《세이와주쿠》와 '세이와주쿠 CD'를 발행했다. 나는 세이와주쿠에서 함께 모여 공부할 때마다 항상 학생들에게 다음과 같이 말했다.

"세이와주쿠에서 이야기한 것을 단지 듣기만 하지 말고 반복해서 공부하세요. 자신의 생활 방식으로 삼아 실천해야 합니다. 경영을 할 때뿐만 아니라 일상생활을 할 때에도 하루하루 늘 반성하고 실천하며 그것을 잘 살려나갔으면 좋겠습니다."

나의 경영 철학은 결코 복잡하거나 어려운 게 아니다. '인간으로서 올바른 것이 무엇인가?'라고 스스로 질문해 '올바른 것을 올바른 그대로 추구해나가는 것'이다. 어린 시절 부모님과 학교 선생님으로부터 배운 '거짓말하지 마라', '남의 것을 훔치지 마라'와 같은 소박한 가르침을 판단 기준으로 삼는 것, 그리고 그것들을 충실하게 실천하는 것이 가장 중요하다고 생각한다.

그런데 많은 경영자가 그런 것들을 배워도 나이가 들면 쉽게 잊어버리고 잘 실천하지 않는 모습을 보인다. 또한 여러 경험이 더해지고 지식이 풍부해지며 성공을 거두다 보면 점차 거만해지는 경향이 있다. 그렇게 어린 시절 배웠던 소박한 가르침들을 잊어버리고 독선적으로 판단해서 경영해나간 결과 길을 잃어버리게 되는 것이다.

성공한 경영자에게는 그 나름의 성공 요인이 있다. 예를 들어 순수한 창업 동기를 품고 있었다거나, 누구에게도 지지 않는 경영을 위해 끊임없이 노력했다거나, 멋지고 놀라운 발상을 가지고 있었다거나.

하지만 성공을 거듭하면서 그런 멋진 본연의 자질이 변질되어, 안타깝게도 많은 사람이 오만불손함에 빠져들고 만다. 경영자가 초심을 잃어버리니 자연히 실적이 떨어지고 결국 기업은 쇠퇴한다.

초대 창업자가 쌓아 올린 기업을 끝내 파탄으로 몰고 간 경영인의 이야기가 세상에 얼마나 많은가? 특히 중소기업에서 한때 이룬 성공에 취해 노는 데 정신이 팔려 애써 키워놓은 기업을 위태롭게 하고 직원을 힘들게 만드는 경영자의 사례는 정말 많다.

그렇다면 무너진 기업과 흐트러진 조직은 어떻게 다시 살려낼 수 있을까? 답은 하나다. 다시 기본으로 돌아가는 것, 즉 기본부터 바로 세우는 것이다.

기본이란 무엇일까? 앞서 내가 이야기한 '어떻게 살아가야 하는가?', '인간으로서 무엇이 올바른 것인가?'라는 질문을 항상 자각하고 배우고 실천하고 반성하는 일이다.

그러한 기본이 지켜지지 않으면 사람은, 그리고 조직은 쉽게 무너질 수밖에 없다. 반대로 기본이 지켜진다면 사람도 조직도 얼마든지 머리부터 발끝까지 다시 새롭게 태어날 수 있다.

그렇기에 나는 세이와주쿠에서 배운 것을 바탕으로 매일같이 반성하고, 매일같이 실천하는 것의 소중함을 학생들에게 강조한다.

경영 학원이라고 하면서 내가 경영자의 마음가짐에 대해서만 이야기를 하니, 그런 교육 방식이 맞지 않거나 경영자의 경영 노하우만 기대하고 온 사람은 입학 자체도 안 되거니와 들어온다 해도 금세 나간다. 그래서 세이와주쿠에는 내가 말하고 강조하는 삶의 태도나 경영 원칙에 공감하고 그것을 따르고 싶어 하는 사람만 남아 있다.

'먹을 가까이하면 검어진다'라는 말이 있듯이 같은 뜻을 가진 사람들이 모이면 어느새 한뜻으로 절차탁마하게 된다. 그러다 보면 단지 술 한잔 나눈 사이일 뿐인데도 서로에게 자극을 주고 영향을 끼치게 된다. 세이와주쿠는 그렇게 훌륭한 경영자를 배출한다.

원래 인재라는 것은 무리를 짓게 되어 있다. 메이지유

신 시절 활약했던 무사의 대다수는 모두 똑같은 학원 출신이었다.

인간은 혼자서는 절대 성장할 수 없다. 뜻 있는 사람들이 함께 모여 서로 겨룸으로써 더 훌륭한 인간으로 성장하고, 그 집단도 더 발전하게 된다. 나는 세이와주쿠가 그런 장이 되기를 진심으로 바랐다.

내 그런 바람이 이루어지는 것인지, 기쁘게도 학생 중에서 기업을 상장하는 이들이 많이 배출되었다. 이렇게 많은 학생이 세이와주쿠에서 배운 마음가짐을 바탕으로 자신의 기업을 성장시키고 그 직원들의 행복까지 실현하는 것이, 정신없이 바쁜 와중에도 내가 보수도 받지 않고 지속적으로 세이와주쿠에 나가 그들과 함께한 이유다.

고통스럽고 절박하지 않다면
사업이 아니다

세이와주쿠에 몸담고 많은 이와 어울리며 '이타심'이라는 단어를 자주 접하게 되었다. 이 사회에서는 좀처럼 들을 수 없는 '이타심'이라는 단어가 세이와주쿠에서는 마치 인사처럼 일상 대화에 등장하고 또 실천되기도 한다. 그런 기업인들이 모인 단체는 아마 세상에 세이와주쿠 하나뿐 아닐까? 나는 이런 점에 자부심을 느낀다.

왜 이곳에 모인 경영자들은 이타심이라는 말을 자주 쓸까? 내가 매번 '세상을 위해, 사람을 위해 최선을 다하는 것, 그것이 인간으로서 가장 훌륭한 일이고 경영자에게도 가장 필요한 자세'라는 걸 강조해왔기 때문이다. 이것을 있는 그대로 받아들이고, 경영에서 또 인생에서 실천하려고 힘쓰는 학생이 계속 늘어나는 것은 참으로 훌륭한 일이다.

그러나 이 말을 오해해서는 안 된다. 아무리 이타심이 중요하다고 해도, 경쟁사에 이익을 양보하고 자사가 불이익을 입게 하는 일을 추천하고 장려해선 안 된다. 경영이라는 것은 냉엄한 세계이므로, 시장 속 기업 경쟁에서 살아남지 못하면 어떤 기업이라도 언젠가는 도태되어버리기 때문이다.

또 경영자는 직원이 생활에 곤란을 겪지 않게 하려면, 더 나아가 고객과 주주와 회사에 이익을 안겨주려면 어떻게 해서든 매출을 확보하고자 노력해야 한다. 무서울 정도로 높은 기개를 가지고 경영에 임하지 않으면 안 되는 것이다.

그 기개라는 것은 내가 자주 강조해온 단어, '투혼'이라고 바꾸어 말할 수 있다. '절대로 지지 않겠다!'라는 격투기 선수의 승부욕과도 닮은, 격렬한 투지와 투혼이 경영에 반드시 필요하다.

그런 투혼을 가지지 않은 사람이 사업을 운영하면 이는 당사자에게도 불쌍한 노릇이고, 직원을 비롯해 그 기업을 둘러싼 관계자들에게도 불행한 일이 된다. '인생을 편하게 살고 싶다'고 생각하는 사람은 경영자가 되어서는 안 된다.

운명의 장난으로 자신의 의지와 무관하게 경영자가 되어버린 사람도 있다. 하지만 일단 경영자가 되었다면 그 의식의 근본부터 뜯어고치고 경영자로서의 마음가짐을 갖추어야 한다.

학생 중에 어쩌다 창업주의 2세로 태어났다는 사실만으로 경영자로 추대된 사람도 있다. 그런 경영인일수록 남들이 자고 있을 때조차 진지하게 일에 전념하는 필사적인 자세를 갖추어야 한다. 그렇지 않으면 잘나가던 회사도 언젠가 기울어버릴 것이 분명하다.

창업주의 뒤를 이은 경영자가 노는 데에만 정신이 팔린다든지, 경영자 단체에서 다른 사람 뒷바라지에만 정신을 쏟은 탓에 선대에서 키워온 회사를 망하게 만든 사례는 수도 없이 많다. 그러니 회사를 이끌어가는 이상 누구에게도 지지 않는 노력을 거듭해나가는 것이 마땅하다.

그렇게 끝없이 노력하게 하는 힘의 원천은 앞에서도 언급한 것처럼, 직원을 어려움에 처하게 하지 않게 하고, 그들의 행복을 실현하기 위해 '회사를 이렇게 만들고 싶다'라는 마음, 즉 경영자로서의 강한 집념이다. 그토록 강한 의지가 있어야 불철주야 경영에 매진할 수 있다.

아침부터 밤까지 쉬지 않고 일에 대해 생각하는 것은 대단한 중노동이다. 하지만 사업에 뛰어든 사람이 그 정도로 자신을 몰아붙여 고민하지 않으면 세월이 흐를수록 급변하는 경영 환경 가운데서 회사를 절대 발전시킬 수 없다.

하지만 이는 반대로 말해서 아무리 경영 환경이 변화하더라도, 그런 강렬한 소망을 안고 누구에게도 지지 않는 노력을 지속한다면 반드시 성공할 수 있다는 뜻이기도 하다. 단 주의해야 할 것은, 이미 말했듯이 그러한 성공의 원인이 몰락의 원인이 되기도 한다는 점이다. 사업을 성공으로 이끌 수 있는 사람이라면 수완이 좋고 투혼도 있고 경쟁 회사를 뭉개버릴 정도의 기력도 가진 사람이다. 그런데 그런 강한 기질을 가진 사람들은 자칫하면 오만불손하거나 방약무인하게 굴기 쉬워, 결국 그 저돌적인 기질이 몰락을 부르고 마는 것이다.

나는 세이와주쿠의 학생이 그 정도의 강렬한 투쟁심을 불태워서 필사적으로 일하고 성공을 거두는 경영자가 되기를 원한다. 그러나 그렇게 격한 성정의 경영자일수록 '인간으로서 무엇이 올바른 것인가?'라고 하는 것을 항상 자신에게 묻고, 올바른 것을 올바른 그대로 관철해, 그 성공이 오래 지속되도록 해야 한다고도 가르친다.

불타오를 듯한 투혼을 품고 '어떻게 해서라도 회사를 좋게 만들고 싶다'라는 생각이 강한 사람이라면 그 누구보다 '인간으로서 무엇이 올바른 것인가'를 늘 고민하는 경영 철학을 배우는 것이 중요하다. 이 질문을 멈추지 않는 한, 툭하면 궤도를 벗어나기 쉬운 자신을 다잡으며 강렬한 소망과 결연한 의지를 갖추고 일을 계속해나갈 수 있을 것이다.

당신만의 유산을
세상에 남겨라

세이와주쿠는 기업을 성공으로 이끌고, 그 성공을 오래 지속시키기 위한 원칙을 배우는 곳이다. 단, 그 원칙이 세상의 일반 경영 상식과는 달리 '인간으로서의 마음가짐'에서 비롯된다는 점이 특별하다.

'인생이라는 것은 무엇인가?'

'인생을 어떻게 살아야 하는가?'

이 질문들을 끊임없이 스스로에게 묻고, 모든 일을 결정할 때 맨 앞에 놓이도록 하라. 단 한 순간도 놓쳐선 안 된다. 경영이란, 그리고 사업이란 단 한 번뿐인 인생에서 자신은 물론이고 직원과 그 가족, 지구와 인류를 위해 공헌할 수 있는 가장 아름다운 길이다. 그리고 이를 다르게 표현하자면 '이 세상의 한구석을 밝게 비추는 일'이다.

설사 당신이 아무리 작은 회사를 운영한다고 해도 상관없다. 자기 사업을 경영하면서 세상을 위해, 사람을 위해 최선을 다하고, 이를 통해 자신의 존재 가치를 이 땅 위에 발자국으로 남겨놓을 수 있다면 충분하다. 나는 후배들에게 늘 이렇게 말한다.

"세상에 당신만의 유산을 남겨라."

돈과 명예, 인기와 권력은 그 순간만큼은 아무리 거대할지라도 시간이 지나면 잊히고 무너지기 마련이다. 하지만 한 인간이 사업을 통해 쌓은 유산은 세월이 흘러도 결코 사라지지 않는다. 당신의 뒤를 이을 후배들이 깜깜한 하늘에서도 별빛을 따라 나아갈 수 있도록 당신만의 유산을 남겨야 한다.

세이와주쿠에서 공부한 1만 1000명이 넘는 중소기업과 중견기업의 사업가들은 그러한 뜻을 품은 채 연구를 거듭하며 자신의 사업과 인생을 풍요롭게 만들었다. 그리고 자신을 따르는 동료들이 그 누구보다 행복해지는 것을 목표로 삼아 최선을 다해 회사를 이끌었다.

그리고 2019년 11월, 87세가 되던 해 나는 세이와주쿠의 운영을 중단하고 해산을 선언했다. 후배들에게 전하고 싶은 이야기는 모두 전했다고 생각했기 때문이다. 이제 나의 경영 철학을 육성으로 들을 수 있는 기회는 없다.

돌아보면 세이와주쿠를 설립하던 때는 내가 교세라의 사장으로 근무하던 중이었고, 때마침 KDDI의 전신인 다이니덴덴을 창업하느라 눈코 뜰 새 없이 바쁘던 시절이었다. 게다가 이나모리재단 설립, 교토상 제정 등 내 인생에서 가장 중요한 사건이 연달아 벌어지던 때였다. 당시 내 나이는 쉰을 넘기고 있었고, 그 후 30여 년을 세이와주쿠 활동에 분골쇄신하며 힘써왔다.

그렇게 할 수 있었던 것은 한 나라의 경제 발전이 중소기업의 발전에서 시작된다는 믿음 때문이었다. 산업 구조에서 99퍼센트 이상을 차지하는 중소기업이 자생력을 갖추고 비상해야만 비로소 나라와 사회가 발전할 수 있다.

세이와주쿠를 처음 설립할 때 나는 '1대에서 끝내겠다'고 거듭 공언했다. 이제 나를 대신해 온 세계의 젊은 사업가들이 자신만의 경험과 통찰로 새로운 사업의 철학을 일으키리라 믿어 의심치 않는다. 그동안 나 또한 후배 사업가들의 놀라운 지혜를 통해 일본항공 재건 등 위대한 업을 이룰 수 있었다.

그들에게 진심으로 고개 숙여 감사의 마음을 전한다. 이제 나는 그들이 이 땅에 남긴 유산이 무엇일지 상상하며 여생을 마칠까 한다.

가장 낮은 곳까지
동일한 이념이 흐르게 하라

2010년 2월, 여든을 눈앞에 두고 나는 일본 정부의 요청으로 일본항공에 회장으로 취임했다. 항공 산업에 대해선 문외한이나 다름없었지만, 일본 총리의 간곡한 청을 이기지 못하고 도산 위기에 처한 일본항공의 '비상 경영'을 이끌 경영자 자리를 받아들였다.

내 주변에서 일본항공 회장 취임에 찬성해주는 사람은 단 한 명도 없었다. "이미 연세도 많으시니 그만두시는 편이 낫겠습니다." 하지만 나는 보수 없이 3년만 전력을 다해보겠다는 마음으로 분수에 넘치게도 회장으로서 일본항공의 재건을 시작했다. 내가 회장에 취임해 가장 먼저 한 일은 '설득'이었다.

시나가와에 있는 일본항공 본사에서 일하기 시작한 이후로 나는 몇 번이고 놀랄 만한 사태를 목격했다. 간부들에게 "현재 우리 회사의 경영 실적은 어떤 상태인가?"라고 물었더니 그들은 좀처럼 숫자를 떠올리지 못했다. 겨우 대답한 것도 몇 달 전 데이터였고 그것 또한 극히 대략적인 수치일 뿐이었다. 게다가 그 수익을 책임지고 있는 담당자가 누구인지조차 명확하지 않았다.

하나의 조직이었지만 본사와 현장, 임원과 직원이 모두 제각각 일했고 일체감은 찾아볼 수 없었다. 지켜야 할 규칙은 엄연히 존재했지만 그 누구도 따르지 않았고 자기들 멋대로 판단했다. 직원들을 관리할 경영자들은 어떻게 하면 책임에서 도망칠 수 있을지부터 골몰했다. 한마디로 회사 안은 고장 난 신호등투성이였다. 재건을 향해 일치단결해서 죽기 살기로 힘을 내도 모자를 판에, 일본항공의 구성원들은 '어차피 노력해도 안 된다'는 패배주의에 물들어 있었다.

회사의 재건을 위해 도입할 수 있는 것이라고는 내가

교세라 사장으로 일하며 차곡차곡 정립한 '교세라 철학'
과 그것을 실현하기 위해 도입한 경영 관리 시스템 '아메
바 경영'뿐이었다. 그래서 우선은 그동안 내가 경영에 임
해온 자세와 마음가짐을 담아 정리한 '교세라 철학'을 일
본항공의 임직원 모두에게 설명하고, 그들의 직업 의식을
개혁하는 데 애썼다.

나는 우선 '이 회사가 도산했다는 사실을 있는 그대로
받아들이지 않으면 안 된다'고 설득하는 일부터 시작했
다. 당시 일본항공은 '회사갱생법'에 따라 정부에 '갱생'
을 신청한 후였지만, 이와는 별개로 평소대로 항공기 운
항을 계속하고 있어서 임직원들은 자신들이 다니는 회사
가 도산했다는 사실을 실감하지 못했다.

나는 회의 때마다, 직원들을 만날 때마다 간절한 마음
을 담아 이렇게 말했다.

"도산한 사실을 인정하고 우리가 왜 도산한 것인지, 지
금까지 무엇이 문제였는지, 앞으로 무엇을 고쳐야 할지
등을 진지하게 반성해야 합니다. 그동안 우리가 제대로
하지 못한 것들을 과감하게 남들 앞에 내보일 용기를 갖
고 그 모든 것을 통째로 개혁해야 합니다. 우리가 살 길은

그것뿐입니다!"

나는 이 말을 되풀이하며 끈질기게 그들을 설득했고, 나의 절실한 마음을 담아 편지를 적어 회사의 모든 임원에게 보냈다.

회장 취임 첫해 6월부터는 경영 부문에서 일하는 임원 약 50명을 모아 한 달 넘게 '리더 교육'을 했다. 리더가 지녀야 할 자세, 경영을 하는 데 필요한 가장 기본적인 사고방식 등을 되새기길 바라는 마음에서 비롯한 교육이었다. 좀 더 구체적으로는 '경영의 핵심은 결국 매출을 최대로 높이고, 비용을 최소로 낮추는 것', '리더는 부하로부터 존경받는 훌륭한 인간성을 가져야 한다는 것' 등을 알려주고 싶었다. 그리고 '그 어떤 환경 변화가 있어도 목표는 반드시 달성해야 한다'는 강한 의지를 갖추게 하고 싶었다. 이는 내가 교세라를 세울 때부터 수십 년간 고수해온 경영의 기본 원칙이었다.

강의를 마친 뒤에는 그들과 함께 술잔을 기울이며 사업과 경영에 관한 이야기를 반복해서 나눴다. 그러자 처음에는 위화감을 느껴 별로 마음 내켜하지 않던 임원들의 눈빛이 어느 순간부터 달라지기 시작했다. 가장 크게 달라진 것은 그들이 스스로를 '리더'라고 의식하기 시작한 것이었다. 그들은 비록 짧은 시간이었지만 같은 교육을 받으며 '하나의 가르침'을 공유하고 있다는 묘한 일체감을 갖게 되었다. 교육 중에 공공연히 이렇게 말하는 임원도 있었다. "이 중요한 내용을 저희만 알 수는 없습니다. 다른 임원들에게도 알리고 싶습니다!" 그들의 마음속에 '지금보다 더 나아지고 싶다'는 욕망과 함께 거기서 비롯한 작은 파문이 일기 시작한 것이다.

나는 리더 교육을 영상으로 녹화해 교육을 확대했고, 결국 총 3000명이 넘는 관리자급 직원이 수강했다. 이렇게 모든 리더 교육을 마무리한 7월부터는 교육장에서 배운 것을 실제 경영에 적용하기 위해 '실적 보고회'라는 새로운 월례 회의를 시작했다. 각 부문의 100여 명의 리더가 사흘에 걸쳐 각자 담당하고 있는 부문의 경영 실적을 발표하는 자리였다. 구체적으로는 손익계산서의 주요 항목과 실적을 공개하고 다음 분기의 목표를 달성하기 위한 계획을 발표했다. 목표와 실적 간에 차이가 있다면 회의 참석자 전원이 납득할 때까지 그 이유를 설명하고 대안을 말하게 했다.

이렇게 해서 일본항공의 내부에 구성원 모두가 공유하는 '철학'이 자리 잡았고, 이 철학을 조직 구석구석에 전파하기 위해 같은 해 7월부터는 일반 직원에 대한 교육도 대대적으로 시작했다.

최전선에서 고객을 접대하는 직원의 의식이 바뀌지 않으면 고객의 만족도 또한 결코 높아질 수 없다. 공항의 카운터에서 접수 업무를 하는 직원, 비행기에 탑승해서 고객에게 서비스를 제공하는 객실 승무원, 비행기를 조종하고 안전하게 운항하는 기장과 부기장, 기체를 완벽하게 관리해 결함을 제거해야 할 정비사까지 나는 현장을 직접 돌아다니며 그들과 이야기를 나눴다.

그때마다 내가 강조한 것은 딱 네 글자였다.

"불요불굴(不撓不屈)."

새로운 계획의 성공 여부는 오로지 흔들리지 않고 굴하지 않는 한마음에만 있다는 뜻이다. 이는 '고결하게 오직한 길만을 걷는 자만이 성공한다'고 주창한 요가의 달인 나카무라 덴푸가 남긴 말인데, 나는 이 말이 적힌 포스터를 각 현장에 배포하기도 했다.

이를 통해 내가 직원들에게 전하고 싶었던 메시지는 '환경이 어떻게 바뀌어도 변명하거나 회피하지 말고 한 사람, 한 사람이 각자 주인의식을 품고 일사분란하고 필사적으로 움직이자'는 것이었다. 이 길밖에는 도산 위기에 처한 회사를 살릴 방법이 없다고 굳게 믿었다.

한편 매일 발간되는 사보도 내용을 완전히 바꿔, 현재 악화일로를 걷고 있는 회사의 경영 상태를 상세히 적어 공개하도록 했다. 현장의 직원들이 지금 회사의 재정 상태가 어떤지, 앞으로 조직이 어떻게 개편될지 등을 명확하게 알 수 있도록 조치한 것이다.

그리고 2011년 1월, 내가 지금까지 추구해온 경영 철학을 참고해 일본항공만의 기업 이념을 정해 발표했다. 조직 내 임원 전원이 주기적으로 모여 논의한 결과물이었다. 이 이념을 실현하는 데 필요한 구체적인 지침을 40개 항목에 달하는 규칙으로 정리했으며, 이를 'JAL 필로소피'라고 불렀다. JAL 필로소피를 만들어내기 위해 기업의 각 부문에서 선발된 임원 10여 명이 20회 가까이 모여 뜨겁게 갑론을박을 벌였고, 그것도 모자라 휴일에도 모여

회의를 진행했다. 또한 이들의 회의 결과를 검토하기 위해 현장 팀원들을 중심으로 구성된 일반 직원 130명을 대상으로 익명의 설문조사까지 병행했다.

JAL 필로소피는 직원들이 항상 갖고 다니며 확인할 수 있도록 수첩으로 만들어졌다. 이 수첩은 2011년 1월 경영 이념을 발표하며 전 직원에게 함께 배부했다. 나는 직접 목격하진 못했지만, 각 부문의 직원들은 일본항공이 도산 위기에서 완전히 벗어날 때까지 JAL 필로소피를 조례 시간에 돌아가며 읽었다고 한다. 나는 이 반가운 소식을 듣고 나서야 그토록 외롭고 처절했던 '설득'의 시간이 비로소 끝났음을 깨달았다. 이제야 우리가 나아갈 방향이 어딘지 알게 된 것이다.

마음이 변하자
고객의 반응이 달라졌다

취임 후 수개월이 지나자 직원 한 명, 한 명의 의식이 바뀌기 시작했다. 항공운수 사업은 고액의 항공기와 그 운항에 필요한 설비를 다수 소유하고 있기 때문에 거대한 '장치 산업'이라고 생각하기 쉽다. 확실히 그런 성격도 있지만, 나는 궁극적으로 항공운수 사업은 '서비스 산업'에 더 가깝다고 생각한다.

예를 들어 고객이 공항에 왔을 때 직원이 접수 카운터에서 고객을 어떻게 응대하는지, 고객이 비행기에 탑승했을 때 승무원이 어떻게 서비스하는지, 본격적인 운항을 시작할 때 기장이 어떻게 기내 방송을 하는지에 따라 항공사의 진짜 가치가 결정되는 것이다.

'최전선에서 직접 고객을 만나는 직원의 행동 하나하나가 항공사의 평가를 좌우하고 비즈니스의 성패를 결정한다. 한 사람, 한 사람의 직원이 한 사람, 한 사람의 고객에게 전하는 감사의 마음이 모여 우리 회사의 가치가 결정된다!' 항공운수 사업에서 이러한 마음가짐만큼 중요한 것은 없다고 믿었다.

그래서 나는 직원들에게 이렇게 당부했다.

"고객의 마음속에 '일본항공만큼 서비스가 좋은 곳은 없으니 앞으로도 이 항공사만 이용해야겠어'라는 생각이 들도록 일해주시기 바랍니다. 그 밖의 모든 일은 제가 책임지고 여러분을 도와드리겠습니다. 여러분은 오직 고객, 고객, 고객에게만 집중해주시기 바랍니다." 나는 고개를 숙여 절절하게 직원들에게 호소했다.

당시 일본항공은 일본을 대표하는 국책 항공사였다. 그런 안정감 때문이었을까? 직원들은 오만한 콧대가 하늘을 찔러 고객들을 홀대하기 일쑤였고 무사안일주의에 빠져 개선의 의지조차 잊은 지 오래였다. 회장 취임 전부터 나는 이러한 일본항공의 잘못된 관습이 마땅치 않았다.

하지만 거듭된 개혁 끝에 현장의 직원들은 나의 호소에 귀를 기울여줬고, 각자의 일터에서 각자의 방식으로 최선을 다해 각자의 목표를 완수해줬다. 그 무엇보다 나를 감동시킨 것은 그들의 마음속에 드디어 '고객들도 우리 회사를 좋아해줬으면 좋겠다'라는 소박한 마음이 들어섰다는 사실이었다.

조직 내부의 변화가 시작되자 서비스의 품질이 변화됐고 결국 일본항공을 이용한 고객들로부터 칭찬의 편지를 수도 없이 받게 되었다. 특히 2011년 동일본 대지진이 일어났을 때 우리 항공사의 직원들은 물불을 가리지 않고 '인간으로서 해야 할 일'이 무엇인지를 행동으로 보여줬다.

기내에 장시간 갇혀 있는 고객에게 갓 지은 주먹밥을 만들어 제공한 객실 승무원, 라운지에 갇힌 고객의 몸 상태가 신경 쓰여 사비로 초콜릿을 잔뜩 사서 전해준 모스크바 지점의 직원, 피해 복구를 위해 만사를 제쳐두고 재난 지역으로 달려가던 적십자 봉사자들에게 따뜻한 위로의 방송을 한 기장, 봉사자들의 가방 속에 몰래 격려의 편지를 넣어둔 직원들.

이러한 진심이 담긴 서비스를 경험한 고객들로부터 감동의 목소리가 돌아왔다. 그중에서 가장 인상적이었던 사연을 하나 소개하려고 한다.

일본항공에 감사 인사를 전하며

2011년 도호쿠 지방에 대지진이 발생하자 일상의 모든 게 파괴되었습니다. 그곳에는 저희 어머니가 살고 계셨는데, 계속되는 여진과 원자력 발전소가 폭발할지도 모른다는 공포로 잠 못 드는 생활이 이어졌습니다. 하천에 있는 물을 길어 마실 정도로 상황이 열악해져 저희 가족은 어머니의 안전을 우려해 가족이 살고 있는 간사이 지역으로 어머니를 불러 모시기로 했습니다.

하지만 아침에 이바라키공항에서 출발했어야 하는 모회사의 항공기가 피폭 위험을 이유로 갑자기 결항이 되었습니다. 일흔이 다 되신 어머니는 자식들이 기다리고 있는 집으로 돌아갈 교통수단이 사라져 망연자실하셨습니다. 바로 그때 귀사의 한 승무원이 저희 어머니를 간사이까지 무사히 모셔다주셨습니다. 그 승무원은 자신의 집이 있는 고베로 돌아가던 도중 정부의 계획 정전으로 전차가 멈출 정도로 혼란스러운 상황에서도 침착하게 길을 우회하여 나리타공항을 거쳐 이타미공항까지 어머니를 보살펴주셨습니다.

정신이 없는 와중에도 저희에게 어머니 소식을 전해주시고, 어머니의 긴장을 풀기 위해 친절하게 이런저런 말을 걸어주시며 위로해주셨습니다. 이에 감사의 마음을 전하고 싶어서 어머니가 연락처와 주소지를 물어보았지만 끝까지 말씀해주시지 않았다고 하시더군요. 그 대신 이렇게 대답하셨다고 합니다.

"저는 아무것도 한 게 없습니다. 저야말로 어머님과 함께 시간을 보낼 수 있어서 즐거웠습니다. 누군가를 도우면 그 선의는 결국 자신에게 돌아오기 때문에 저도 언젠가는 다른 사람에게 도움을 받지 않을까요?"

물론 항공사에서 일하는 객실 승무원이라면 당연히 해야 할 행동이라고 생각하실지도 모르겠습니다. 하지만 생전 처음 보는 사람에게 이런 특별한 호의를 베풀어주신 귀사 승무원의 말과 행동을 통해 자신을 돌아보고 반성하게 되었습니다. 만약 제가 그런 상황에 놓인다면 과연 그분과 똑같이 행동할 수 있을지 생각해보았지만 도저히 그럴 수 없을 것 같더군요.

이번 일을 통해 정말 큰 감동을 받았고, 미력하나마 저희 가족은 앞으로도 귀사를 계속 응원하고자 합니다. 언젠가 귀 항공사의 승객으로서 다시 그 객실 승무원과 마주할 기회를 고대합니다. 그리고 그때 다시 감사의 인사를 전할 수 있다면 정말 기쁠 것 같습니다. 감사합니다.

이런 편지를 이후로도 여러 통 받았고, 그때마다 나는 깊은 감동을 받았다. 고객의 마음에 파장을 일으킨 것은 그 승무원이 한 행동의 근원에 'JAL 필로소피'가 있었기 때문이라고 생각한다.

경험도, 지식도, 그리고 승산도 없이 그야말로 맨주먹으로 일본항공의 재건에 합류한 내가 그나마 가진 것이라곤 교세라를 이끌며 축적한 경영 철학뿐이었다. 하지만 이 단순한 경영 철학, 즉 '기본'을 구성원들과 공유하고 학습하는 것만으로도 회사는 극적으로 변하기 시작했고 그 결과 서비스의 품질은 몰라보게 달라졌다.

회사의 실적 또한 비약적으로 향상됐다. 재건에 돌입한

지 딱 1년이 지난 2011년 3월까지의 매출은 1조 3622억 엔이었고, 영업이익은 '갱생 계획'에서 목표로 설정했던 641억 엔을 크게 웃도는 1884억 엔으로 창사 이래 최고의 실적을 냈다. 특히 이 영업이익은 전 세계 무수한 항공사 중 가장 높은 금액이었다. 이 기록은 아직까지도 깨지지 않고 있다.

2011년 3월 11일에 일어난 동일본 대지진의 영향으로 항공편 이용자가 큰 폭으로 감소하면서 4월엔 잠시 적자였지만 5월 이후 다시 크게 반등했고, 2012년 3월까지의 매출은 1조 2048억 엔, 영업이익은 2049억 엔, 이익률은 17퍼센트를 달성했다.

사고방식이 바뀌면 사람은 다시 태어난다. 직원의 사고방식이 바뀌면 회사도 다시 태어난다. 머리부터 발끝까지 모든 것이 바뀌어야 한다. 그러면 무너진 조직도 다시 살아날 수 있고 실적도 향상된다. 나는 도산 직전에 처한 일본항공을 살리기 위해 머리부터 뛰어들었다. 돌아갈 여지를 남기지 않고 내 모든 것을 쏟아부었다. 리더가 더 이상 물러설 곳이 없을 때까지 열과 성을 다하면 그 뜨거움은 모든 사람에게 전파되기 마련이다.

모두가 살아 움직이는
'아메바 조직'

경영자는 숫자에 익숙해야 한다. 단순히 거부감 없이 통계와 수치를 이해하는 수준에서 더 나아가, 회계 담당자만큼이나 능수능란하게 숫자들을 연결해 이해할 줄 알아야 한다. 0에서 9로 이루어진 무수한 숫자의 숲 너머에서 회사의 위기와 기회를 한발 앞서 포착해야 하고, 월 단위는 물론 일 단위로 회사의 매출과 비용과 손익을 줄줄 꿰고 있어야 한다. 그리고 모든 경영은 이 숫자를 바탕으로 하지 않으면 안 된다.

일본항공의 재건이 완전히 정상 궤도에 오르자 2011년

4월 나는 이른바 '관리 회계 시스템'을 도입했다. 이는 그동안 주먹구구식으로 운영되던 각 항공 노선의 실제 채산을 정확히 파악하기 위함이었다. 일단 모든 노선별 수입과 지출을 다음 날 아침이면 바로 알 수 있는 구조를 만들었다. 이와 함께 노선별 재무 책임자를 명확하게 지정했다. 나는 그 책임자가 중심이 되어 각 노선의 수익성을 높이기 위한 창의적인 방안을 마련하도록 독려했다.

또한 기체 정비 부문부터 공항 카운터 접수 부문에 이르기까지 전 부문의 조직을 가장 작은 단위의 소집단으로 잘게 나눠 각 소집단이 대체 얼마나 돈을 지출하고 얼마나 돈을 회수하는지 확인했다. 이렇게 파악한 비용과 수익의 세부 내용을 전 직원과 공유함으로써 담당자가 관성에 의해 그냥 넘어갔을지 모를 불필요한 지출을 찾아냈다.

'비록 적은 돈이지만 이 돈을 꼭 써야만 할까?'

'이런 방식의 지출은 낭비가 아닐까?'

'더 효율적인 방법은 없을까?'

도저히 납득을 할 수 없는 내역이라면 밤을 새워서라도 직원들과 절약 방안을 함께 고민했다. 나는 아무리 작은 영역의 일일지라도 말단의 담당자부터 그 부서의 관리자에 이르기까지 모두가 뜻을 모아 아이디어를 제안하게 함으로써 지위 고하를 막론하고 다 함께 경영 개혁에 동참하고 있다는 것을 감각하도록 배려했다.

이러한 접근 방식은 내가 이미 오래전부터 교세라에서 실천하고 있고, 또한 400개가 넘는 일본 기업이 채택하고 있는 '아메바 경영'이라는 관리 시스템을 바탕으로 구상한 조직 개선 전략이었다.

조직이 크고 비대해질수록 무엇이 어디에서 낭비되고 있는지 알기 어렵다. 교세라도 마찬가지였다. 자본금 수백만 엔에 불과했던 작은 회사가 하루아침에 매출 1000억 엔을 돌파하는 초대형 회사로 성장하자 한 달에 얼마를 쓰고 얼마를 버는지조차 파악이 안 될 정도로 너무나 큰 혼란에 정신을 차릴 수가 없었다.

그때 뇌리를 스친 생각이 바로 회사를 '세포' 크기만 한 '작은 조직'으로 분절하자는 것이었다. 이 경영 기법이 바로 '아메바 경영'이다. 경영 환경과 상황에 맞춰 자꾸만 모양을 바꿔가며 증식하는 모습이 '아메바'를 닮았기에 그런 이름이 붙여졌다.

심지어 각 아메바 조직은 사내에서 서로 인수합병, 매

매 등을 거치며 더욱 다양한 모습으로 변형된다. 한 회사에 존재하지만 마치 개별 중소기업인 것처럼 활동하는 것이다. 각 아메바 조직의 리더는 메마른 들판에서 꽃을 피우려 노력하는 중소기업의 사장처럼 어떻게든 돈을 벌기 위해 치열하게 궁리하고 애쓴다. 그러한 과정을 통해 자연스레 거대한 조직을 이끌 책임감과 경영 감각을 익히게 된다.

이는 아메바 조직 안의 말단 직원들에게도 해당되는 이야기다. 조직 안에서도 직원들은 자신에게 부여된 매출액을 확보하기 위해 마치 소기업의 사장처럼 분주하게 움직인다. 이들은 각자의 자리에서 최고의 성과를 내기 위해 온 노력을 쏟는데, 이것이 바로 내가 가장 강조하는 '전원 참가 경영'의 핵심이다.

그동안 내가 이끌었던 여러 조직을 보면, 제품 단위로 조직을 나눈 아메바도 있었고, 제조 공정 단위로 구성된 아메바도 있었다. 인원에 관한 대략적인 기준은 있었지만, 아메바의 조직 기준은 첫째도 목표, 둘째도 목표다. 오직 동일한 목표만을 공유할 수 있다면 직급이든 연차든 규모든 상관없이 자유자재로 아메바 조직을 구성할 수 있는 것이다.

때때로 본사의 중앙 부서나 임원이 각 아메바에 직접 지시를 내리는 경우도 있지만, 기본적으로는 각각의 아메바 리더에게 해당 조직의 모든 경영 권한을 위임한다. 매우 중대한 사안에 대해서는 물론 상급 부서의 상사 승인이 필요하겠지만 일상적인 조직 운영, 실적 관리, 목표 수립 등에 대해선 아메바 리더가 경영 전반을 책임지고 조직원들과 함께 결정한다.

아메바 경영은 교세라 창업 직후부터 지금까지 크고 작은 조직을 이끌며 내가 단 한 순간도 놓치지 않고 유지하고 있는 조직 운영의 노하우다. 30대의 젊은 직원도 아메바 조직에 소속되어 리더 경험을 쌓고 나면, 금세 수입과 지출에 대한 채산 의식을 갖추게 되어 '경영의 기초가 숫자'라는 사실을 절감하게 된다.

이렇게 성장한 젊은 직원들은 아무리 상사의 보고서일지라도 허투루 쓰이는 예산 내역이 발견되면 "그건 잘못됐습니다"라고 따끔하게 지적한다. 이것이 바로 전원 참가 경영의 놀라운 결과다.

당신의 조직은
시간당 얼마를 버는가

아메바 경영이 지향하는 핵심은 '시간당 채산성'이다. 모든 평가의 기준은 단순했다. '한 시간당 얼마나 큰 부가가치를 생산했는가?' 이 공식을 간단히 설명하면 다음과 같다.

하나의 아메바 조직이 벌어들인 '총 매출액'에서 그 조직이 지출한 '총 비용'을 뺀다. 이 값을 'A'라고 한다면, 이 A를 하나의 아메바 조직에 소속된 구성원의 '총 월 노동 시간'으로 나누는 것이다. 이렇게 계산된 값이 바로 해당 아메바 조직의 '시간당 채산성'이다.

아메바 경영의 모든 의사결정은 바로 이렇게 계산한 '시간당 채산성'을 토대로 작동된다. 하지만 오해해선 안 된다. 특정 아메바 조직의 시간당 채산성이 아무리 뛰어나다고 해서 상여금이 지급된다든지, 반대로 채산성이 낮다고 해서 불이익이 부여되는 것은 아니다. 아메바 경영은 인센티브를 제공하는 보상 제도가 아니다.

아메바 경영은 내가 오랜 시간에 걸쳐 고안해낸 경영 시스템의 하나지만, 이를 단순히 이론이나 기법으로 이해해선 안 된다. 만약 이것이 일종의 기술에 불과하다면, 옷을 입는 것처럼 방법이나 순서만 배워 간단히 몸에 걸칠 수 있을 것이다. 하지만 아메바 경영은 조직이 그 기술을 습득한다고 해서 정상적으로 기능하지 않는다. 아메바 경영의 바탕에는 앞서 말한 '교세라 철학'이 있다.

교세라의 경영 이념은 '모든 직원의 행복을 물심양면으로 추구함과 동시에 인류와 사회의 발전에 공헌하는 것'이다. 이렇듯 목적이 경영자의 이익이 아닌 전 직원의 행복이기 때문에, 회사의 대표도 각 아메바 조직에 대해 그저 더 많은 돈을 벌어오라고 강요할 수 없다.

그렇다면 아메바 조직은 경영자의 강요나 압박 없이도

어떻게 우수한 시간당 채산성을 확보해 기업의 성장에 기여할 수 있을까? 아메바 경영이 정상적으로 운영되려면 '교세라 철학'의 핵심 중 핵심인 '직원과 경영자, 그리고 직원과 직원 간의 신뢰 관계'가 형성되어 있어야 한다. 이 전제가 마련되어 있지 않으면, 아메바 경영은 그저 직원 간의 경쟁심을 부추기는 저열한 농간으로 전락할 것이다.

아메바 경영의 궁극적 목적은 특정 조직의 채산성이 회사에 얼마나 이익을 가져다주는지를 평가하겠다는 것이 아니다. 그 반대다. 조직 구성원들이 생산한 가치를 스스로 헤아려보게 함으로써 '운명 공동체인 회사에 자신들이 시간당 얼마만큼 공헌을 하고 있는지 느끼게 만드는 일'이다.

따라서 내가 이끌었던 회사에서는 자신이 더 많은 공헌을 했으니 그에 상응하는 상여금을 달라고 요구하는 직원은 단 한 명도 없었다. 진짜로 욕심이 많은 직원들은 오히려 상여금 따위를 바라지 않고 주인의식을 가진 채 회사에 공헌함으로써 자신이 얼마나 회사에서 중요한 존재인지를 스스로 증명해냈다. 그렇게 대체 불가능한 독보적인 존재가 된 뒤 그들은 비로소 자신의 사업을 시작했고, 위대한 유산을 남겼다. 내가 지금까지 만나본 우수한 인재들, 그리고 독립하여 성공한 직원들의 특징은 섣불리 자신의 사익에 매달리지 않고 앞으로 더욱 성장할 회사의 미래 가치에 자신이 지닌 모든 것을 투자했다는 점이다.

아메바 경영에서 가장 위대한 보상은 서로를 믿는 귀중한 동료들에게 듣는 진심 어린 칭찬과 감사다. 이러한 인간의 본질에 기초한 사고방식이 직원들에게 자연스럽게 전파될 때 비로소 기업은 알을 깨고 그동안 넘볼 수 없었던 새로운 경지로 도약한다.

관리 회계 시스템과 아메바 경영, 그리고 부문별 채산성 측정을 통해 일본항공은 재건을 시작한 지 2년이 흐른 뒤에도 예상을 웃도는 엄청난 실적을 올렸다. 그리고 드디어 2012년 가을에는 도쿄 증권거래소에 재상장되기까지 했다.

두 해 연속 좋은 결과를 이루어낸 뒤 나는 미련 없이 회장 자리를 반납하고 '경영권'이 없는 명예회장으로 자리를 옮겨 경영 일선에서 물러났다. 그리고 명예회장으로서 1년간 일본항공의 젊은 임원들을 최고의 인재로 키워내는 데 최선을 다했다. 처음 약속한 대로 3년이 지난 2013년 상반기에는 명예회장 자리도 내놓고 교세라로 돌아갔다.

4장

불같은 열의로 몰입하고 있는가

나는 교세라를 창업하고 키우면서 일과 인생의 성과를 나타내는 방정식을 찾아냈다. 나는 오랜 기간 이 방정식에 근거해 일을 해왔고, 이 방정식만으로도 내 인생과 교세라의 발전을 설명할 수 있다.

1932년 1월, 나는 가고시마 시내에 있는 그다지 유복하지 않은 집에서 태어났다. 집안을 통틀어 지위나 명예를 쌓아 이름난 사람이 있는 것도 아니었다. 중학교와 대학 입학 시험, 그리고 취업에 이르기까지 인생의 고비마다 늘 성공보다 실패의 경험이 더 많은, 지극히 평균적인 능력을 가진 평범한 사람에 불과했다. 교세라도 이런 나와 크게 다르지 않았다. 평균적인 능력을 가진 평범한 사람들이 모인 곳에 불과했고, 그 누구도 이런 우리의 기술력과 제품에 관심을 가져주지 않았다.

남들과 비슷한, 누구나 갖고 있는 '능력'뿐인 내가 보통 사람들보다 더 큰 성공을 누릴 방법은 도무지 없어 보였다. 그렇게 운명 앞에 고개를 숙이

려던 찰나 찾아낸 것이 바로 이 방정식이다.

이 방정식은 세 가지 요소로 이루어져 있다. 첫 번째 요소는 '능력'이다. 부모에게 물려받은 지능, 담력, 건강 등이 여기에 속한다. 이런 천부적인 재능이라고 할 수 있는 능력은 개인마다 큰 차이가 있고, 점수로 나타내면 0점부터 100점까지 있다.

이 능력에 두 번째 요소 '열의'를 곱한다. '열정' 혹은 '노력'이라고 바꾸어 말해도 괜찮다. 더 나아지려는 의지와 패기가 전혀 없는 무기력한 사람부터 일과 인생에 대해 늘 불타오르는 투혼을 안고 열심히 살아가는 사람에 이르기까지 역시 0점부터 100점까지 나눌 수 있다.

선천적인 능력이 부족했던 나는 이 열의를 최댓값으로 만들기 위해 한없이 노력했다. 첫 회사였던 쇼후공업에서 뉴세라믹스를 개발하고자 연구할 때부터 동료들과 함께 교세라를 창업해 지금에 이르기까지, 다른 사람의 몇 배로 노력해야 겨우 따

라갈 수 있다고 생각했기에 최선을 다해 일에 몰
두했다. 그렇게 일만 하다간 쓰러질 수도 있다고
상사에게 혼났을 정도였다.

마라톤에 비유하자면, 42.195킬로미터를 단거
리 달리기처럼 전력으로 질주한 것과 다르지 않았
다. 하지만 나는 이왕 경주에 나섰다면 맨 뒤에서
느릿느릿 산책을 하듯 달려봤자 그것은 아무런 의
미가 없다고 생각했다. 적어도 첫 2~3킬로미터 정
도는 선두 그룹에 들어 남들보다 앞서나가는 기쁨
을 누리고 싶었다.

하지만 그 2~3킬로미터를 지나 주변을 돌아보
니, 말로만 듣던 일류 회사들의 속도 역시 우리와
크게 차이가 나지 않았다. 나는 그때 '이 정도 속도
라면 좀 더 달릴 수 있겠다'라고 생각했고, 더욱 피
치를 올려서 전력으로 질주했다. 그렇게 달리다 보
니 차례대로 앞선 주자를 제치게 되었고 결국 여
기까지 오게 된 것이다.

무엇이 인생의 결과를
결정하는가

그렇다면 이 인생의 성공 방정식에서 남은 나머지 한 가지는 무엇일까? 그것은 바로 '사고방식'이다.

사고방식은 한 사람의 혼에서 나오는 것으로 인생을 살아가는 자세 그 자체라고 할 수 있다. 이 자세가 '인간으로서 올바른 것인가'를 판단하는 기준이다. 앞에 나온 능력이나 열의가 0점부터 100점까지인 것에 비해 사고방식은 마이너스 100점부터 플러스 100점까지 범위가 훨씬 넓다.

성공의 방정식은 이 '능력', '열의', '사고방식'의 세 가지 요소를 곱하는 것이다. 명석한 두뇌와 건강한 신체를 지닌 사람이 있다고 하자. 이 사람의 능력이 90점이다. 하지만 이 자는 자신의 능력을 너무 과신해서 노력하지 않고 게으름만 피워 30점의 열의밖에 지니지 못했다. 능력 90점에 열의 30점을 곱하면 이 사람의 성공 방정식 점수는 2700점이다.

또 다른 사람도 있다. "나는 평균보다는 좀 나은 편이라 능력은 60점 정도다. 하지만 뛰어난 재능이 없는 만큼, 필사적으로 노력하지 않으면 안 된다. 그래서 열의는 90점 정도 되는 것 같다." 그러면 이 사람의 점수는 총 5400점으로, 앞서 등장한 능력이 뛰어난 사람보다 두 배나 높은 점수를 지닌 것이다.

여기서 끝이 아니다. 가장 중요한 요소인 사고방식을 곱할 차례다. 만일 어떤 사람이 타인을 질투하고, 착실하게 살아가는 인생을 무시하며, 결국 세상을 등지는 등 부정적인 태도를 갖고 있다고 해보자. 이런 사람의 사고방식 값은 마이너스가 되어 아무리 뛰어난 능력과 열의를 갖췄을지라도 오히려 그 점수가 점점 낮아질 수밖에 없다.

내가 대학을 졸업했을 때는 하필이면 취업난이 가장 극심했던 시절이라 많은 청년이 일자리를 구하는 데 어려움을 겪었다. 나는 교통비를 한 푼이라도 아끼기 위해 가격이 저렴한 열차를 바꿔 타가며 사흘이나 걸려 가고시마에서 도쿄로 이동해 구직 활동을 했다. 그러나 아무리 입사 원서를 제출해도 도무지 답이 돌아오지 않았다. 인맥이 없으면 일거리를 구할 수 없던 시기였다.

나는 거의 자포자기한 상태로 가고시마의 번화가를 걸으며 이런 생각까지 했다. '세상엔 나처럼 가난한 사람은 결코 보상받을 수 없는 불평등만 가득할 뿐이야. 이런 답답한 세상에서 이렇게 어렵게 살아가느니 의리와 인정이 넘치는 건달 생활이 차라리 인간적인 걸지도 몰라. 계속 이런 상황이라면 그냥 야쿠자나 되어버릴까?'

만일 그때 내가 정말로 건달 세계에 발을 들였다면 어떻게 되었을까? 내게는 누구에게도 지지 않으려는 열의가 있었고, 능력이 아주 없는 것도 아니었다. 어쩌면 나는 세상을 등지고 어둠의 세계에서 온갖 불법을 저지르며 건달 무리의 우두머리가 됐을지도 모른다. 이것이 바로 사고방식의 위력인 것이다.

파나소닉의 창업자 마쓰시타 고노스케 회장과 혼다 그룹의 창업자 혼다 소이치로 회장은 어린 시절 초등학교도 제대로 졸업하지 못한 채 바로 도제 견습공으로 공장에 들어갔다. 고등 교육을 제대로 받을 기회조차 없었기에 남들만큼의 지식을 쌓지도 못했다.

하지만 무엇보다 두 사람은 불타오르는 열의를 지니고 있었다. 반드시 성공하겠다는 의지를 가슴에 품고 누구에게도 지지 않는 노력을 기울였다. 또 사업을 통해 직원을 비롯한 세상의 많은 사람에게 공헌하고 싶다는 숭고한 신념, 즉 '플러스의 사고방식'을 갖고 있었다. 그들은 비록 출신은 미천했지만 지금은 전 세계인이 존경하는 경영인으로 성장했다.

유복한 가정에서 태어나 좋은 대학을 나온 사람일수록 '능력'에 의존하고 '열의'나 '사고방식'의 중요성에 대한 인식이 부족한 경우가 많다. 그래서인지 창업자로 성공한 사람 중에는 유명 대학 출신이 의외로 적다. 그런 사례를 보며 나는 '너무 탁월한 재능은 오히려 인생에 큰 해악을 미칠지도 모른다'고 주변에 조언한다. 그런 사람들은 겸손한 마음가짐과 노력으로 얻어내는 가치의 소중함에 대해 느낄 기회를 원천적으로 차단당하는 셈이기 때문이다.

그러니 혹시라도 자신의 능력이 부족하다고 한탄하거나 남들보다 뛰어난 재주가 없다고 세상을 욕할 필요가 없다. 자신에게 주어진 것에 감사하고 늘 겸손한 마음으로 하루하루 최선을 다하면 결국 성공은 자연스레 따라오게 되어 있다. 이것이야말로 내가 지난 수십 년간 목격한 성공의 왕도이자, 직접 경험한 성공의 방정식이다.

우주의 문이 열릴 때까지
염원하고 또 염원하라

나는 모든 일은 마음에 그리는 대로 이루어진다고 믿는다. 사업을 하다 보면 정말 상상하지도 못했던 다양한 문제에 직면하게 된다. 난생 처음 접하는 문제를 해결하기 위해 밤새워 고민하며 괴로워하는 것이 사업가의 숙명이자 존재 이유가 아닐까? 나는 집요하게 '고민하는 힘'이야말로 경영자의 능력을 가늠하는 가장 중요한 척도라고 믿는다.

'한 조직을 이끄는 리더로서 현안에 몰두하며 자나 깨나 24시간 내내 계속 고민할 수 있는가?'

무언가를 지속하려는 강인한 소망은 의식의 표면을 뚫고 내려가 잠재의식에까지 침투한다. 이 정도까지 일에 몰두하면 잠시 쉬거나 심지어 잠에 들어도 잠재의식 안에서는 '그 문제를 어떻게 해결할지' 끊임없이 고민하는 것이다. 그리고 바로 이 순간, 예기치도 못하는 곳에서 성공으로 향하는 힌트가 툭 튀어나온다.

심리학자들의 수많은 연구 결과에서 드러났듯이, 잠재의식에는 우리가 생각하는 것보다 훨씬 많은 정보와 사고가 담겨 있다고 한다. 최면에 빠진 사람이 경험한 적도 없는 이야기를 꺼내는 것도 바로 그 때문이다. 실제로 우리가 일상생활을 할 때도 겉으로 드러난 의식이 아니라 마음속 어딘가에 깊이 내재된 잠재의식이 발동되기도 한다.

자동차 운전을 예로 들어보자. 초보자는 '왼쪽 다리로 클러치 페달을 누르고, 동시에 오른손으로 기어를 넣은 뒤 곧바로 페달에서 서서히 발을 떼고…' 하는 식으로 의식적으로 사고하며 운전에 집중한다. 하지만 익숙해지면 운전하고 있다는 사실을 전혀 의식하지 않고도 다른 생각을 하면서 아무렇지도 않게 핸들을 돌리고 기어를 바꾼다. 이 모든 것은 인간의 잠재의식이 24시간 내내 작동하고 있기에 가능한 일이다.

하지만 이렇게 잠재의식이 일상의 패턴으로 자리를 잡게 될 때까지는 수없는 반복적 의식이 필요하다. '의식'이 '잠재의식'이 될 때까지 최선을 다해 그 행동을 사용하고 수련해야 하는 것이다. 의식 속에 그 행동이 침투할 때까지 강렬한 소망으로 전력 질주해야 한다. 당면한 안건을 가볍게 받아들이고 남들이 하는 정도로 적당히 처리하기만 한다면 결코 잠재의식에 닿을 수 없다.

한 분야에서 최고가 되길 원한다면 불같이 타오르는 소망을 계속 품고 있어야 한다. 그렇게 하면 결국 그 소망은 잠재의식에까지 침투하고, 특별히 의식하지 않아도 당신의 잠재의식은 당신의 꿈을 향해 뚜벅뚜벅 걸어갈 것이다. 당신은 그 발걸음에 동행하기만 하면 된다.

나는 회사에서 함께 일하는 직원들에게 늘 "잠재의식까지 닿을 정도로 진심을 다해 끈질기게 소망합시다!"라고 말해왔다.

무언가를 '소망'한다는 것은 무엇일까? 그것은 무언가를 '거듭해서 생각한다'는 뜻과 같다. 반드시 이룩하고자 하는 목표가 있다면 그것에 대해 머릿속으로 수천 번, 수만 번 시뮬레이션을 거듭 반복한다는 뜻이다. 자신의 소망이 현실에 이뤄지는 과정을 머릿속에 그리다 보면 어느새 그 상상은 현실이 된다.

세상에 없던 완전히 새로운 일을 해내려면 그 과정에서 많은 장애물을 만나는 것은 당연한 일이다. 그런 장애물에 대한 대책을 사전에 온갖 방면에서 치열하게 검토하고 예상하다 보면, 문득 마치 비상하는 독수리가 지상을 바라보듯 풀리지 않을 것만 같던 문제들이 선명하게 한눈에 들어오는 순간이 있다.

사업을 이끄는 리더라면 이 수준에 도달할 때까지 끝없이 고민하고 생각해야만 한다. 스스로를 잊을 만큼 맹렬하게 집중해야만 마주할 수 있는 우주가 있다. 사업가라면 우주의 문이 활짝 열릴 때까지 염원을 멈춰선 안 된다.

능력도 있고, 또 최선을 다해 일에 몰두하는데 좀처럼 결실을 거두지 못하는 젊은 사업가들을 자주 본다. 그들을 차분히 관찰해보면 오로지 자기 자신만 생각하는 잘못된 사고방식을 가진 경우가 많다. 마음이 탁해진 것이다.

성공을 거두는 사람들의 공통점은 강한 소망을 지님과 동시에 한 점 그늘 없이 아름답고 밝고 순수한 마음을 가졌다는 점이다.

예컨대 '매출을 높이고 싶다'라는 목표가 있다고 해보자. 하지만 그 목표를 내세울 때, '매출을 높이고 싶은데 여러 장애물이 있어서 현실적으로는 어렵다'와 같이 마음에 근심이 있는 상태에서는 그 목표를 실현할 수 없다. 또는 '매출이 커지면 그 돈으로 더 좋은 집을 사고 더 좋은 차를 사겠다'는 사리사욕에서 비롯한 동기여도 안 된다. 시작점부터 틀려먹은 것이다.

무턱대고 아무 목표나 마음속에 그린다고 그것이 곧장 현실로 이어지는 것은 아니다. '소망'과 '욕망'은 엄연히 다르다. 마음에 무엇을 그리는지가 문제가 아니라 어떤 자세로 그리는지가 훨씬 중요하다. 마음에 떳떳하지 못한 '탁함'이나 사사로운 욕망에서 비롯한 '더러움'이 끼어 있으면 그 목표는 결코 현실이 되지 않을 것이다.

자연의 법칙에서
배운다

나는 오랫동안 인생을 대하는 태도에 관해 깊이 고민해왔다. 이 오랜 고민의 종착지는 우주의 섭리였다. 우주에는 온갖 것을 생성하고 발전시키는 힘이 있는데, 나는 모든 것을 가능케 하는 이 힘이 인간의 정신과도 연결되어 있다고 생각한다.

우주 물리학자들은 우리가 살고 있는 우주가 거대한 빅뱅에 의해 개벽했다고 이야기한다. 약 140억 년 전, 한 줌의 소립자가 대폭발을 일으켜 우주를 만들었고, 그때부터 시작된 팽창은 지금까지도 이어져 우주의 영역을 무한대로 확장시키고 있다는 것이다.

그들의 이론에 따르면 대폭발과 함께 소립자들이 결합해 양자, 중성자, 중간자 등이 생겨났고 그것들이 다시 복잡하게 얽히고설켜 원자핵을 만들어냈다. 그리고 전자가 원자핵 주변으로 딸려 들어와 원자가 형성되었고 이 원자들이 서로 결합해 분자를 탄생시켰다. 분자는 재결합을 거듭해 고분자로 진화했고 이 고분자가 바로 모든 생명의 근원이 되었다. 이것이 바로 우주가 만들어진 과정이다. 그리고 지금도 우주는 끝없이 확장하고 있다.

태초에 소립자는 소립자인 채로 있어도 괜찮았을 것이다. 하지만 소립자는 원자로, 원자는 분자로, 분자는 고분자로, 고분자는 생명체로 진화했다.

이처럼 우주에는 이 모든 생성과 발전의 멈추지 않는 흐름이 존재한다. 바로 이것을 우주의 의지, 혹은 우주의 섭리라고 부를 수 있을 것이다.

사업이란 이 도도한 흐름에 운을 맡기고 자신이 할 수 있는 모든 것을 쏟아내는 것이다. 세상의 삼라만상을 진화, 발전시키고 있는 이 힘에 동조할지, 말지는 개인의 판단에 달렸다. 하지만 그 차이는 비교조차 할 수 없을 정도로 거대하다. 돛을 활짝 펼쳐 모든 것을 긍정의 방향으로 이끄는 우주의 바람을 맞이하지 않고서는 더 큰 성공으로 나아갈 수 없다.

그렇다면 우주의 의지에 동조하는 사고방식이란 무엇일까? 나는 그 구체적인 사업의 태도를 종교에서 찾는다. 묻지도 따지지도 않고 그저 모든 생명을 받아들이고 안아주라는 기독교의 '사랑', 불교의 '자비'가 그것이다. 이 둘은 크게 다르지 않을 것이다. 이를 좀 더 세속의 언어로 말하자면 '친절'과 '배려'가 아닐까? 이는 비단 타인에 대한 태도만을 뜻하지는 않는다. 자신의 앞에 놓인 일과 임무, 넘어야 할 과제와 장애물, 그리고 자기 자신에 대한 무한한 긍정이야말로 우주의 기운을 내 편으로 만드는 가장 확실하고 올바른 길이다.

그리고 이러한 삶의 태도를 온전히 받아들였을 때, 타인에 대한 친절과 배려의 마음도 비로소 돋아날 수 있다. '이타심'은 희생을 치르더라도 상대에게 최선을 다하려는 마음으로, 인간이 태어나 가질 수 있는 가장 아름답고 숭고한 마음이다. 나는 비즈니스 세계에서도 이타의 마음이 매우 큰 위력을 발휘할 수 있다고 생각한다.

이른바 약육강식이 지배하는 경영 현장에서 사랑이니 배려니 하는 것들이 과연 어떤 실익을 가져다주느냐고 반문하는 이도 많을 것이다.

하지만 나는 떳떳하게 말할 수 있다. 지금까지의 내 인생과 교세라의 모든 발전은 이 이타심에서 비롯한 것이라고 말이다. 사업의 세계에서 나보다 남을 먼저 위하는 마음은 때로는 돌고 돌아 눈덩이처럼 거대해져 자신에게 다시 돌아오곤 한다. 사업을 하는 사람이라면 이 놀라운 우주의 법칙을 반드시 깨달아야 한다.

하나를 내주고
열을 얻다

교세라의 미국 자회사 중 AVX라고 하는 전자부품 제조사가 있다. 교세라가 이 AVX를 매수해 인수합병한 과정은 사업에서 이타심이 어떤 힘을 발휘하는지 잘 알려주는 사례다. 거래의 두 당사자 중 어느 한쪽이 단기적으로는 다소 희생을 치르더라도, 결국 장기적으로 봤을 때 양측 모두 만족스러운 보답을 반드시 받을 수 있다는 사실을 증명하는 사례이기 때문이다.

AVX와의 만남은 1974년으로 거슬러 올라간다. 당시 그 회사의 경영자였던 마셜 버틀러 씨가 AVX의 전신인

'에어로박스'와 교세라가 맺었던 라이선스 계약을 파기해달라고 문서로 요청해왔다. 그것이 나와 버틀러 씨와의 첫 만남이었다.

1970년대 초, 세라믹스의 적층 기술을 응용한 '대용량 복합 콘덴서'의 장래성을 일찌감치 확신한 나는 미국의 에어로박스가 적층 콘덴서의 제조 기술을 확보했다는 정보를 입수하자마자 그들의 기술을 교세라에 도입하기로 결정했다. 그때 주고받은 라이선스 계약에는 교세라가 일본에서 '적층 세라믹 콘덴서'를 제조해 전 세계에서 판매할 수 있는 권한과 일본 국내에서 독점 판매할 수 있는 권한이 담겨 있었다.

그 후 에어로박스는 두 회사로 나뉘었는데, 그중 한 회사가 바로 AVX였다. AVX는 에어로박스의 여러 사업 중 '적층 세라믹 콘덴서' 사업을 맡게 되었고 초대 회장으로 버틀러 씨가 취임했다. 그는 취임 후 에어로박스 시절 교세라와 주고받은 라이선스 계약의 내용을 알게 되었고, 그 내용이 자신들에게 매우 불합리하다고 판단해 계약 파기를 요청한 것이다.

그는 장래성이 있는 일본의 일렉트로닉스 시장에서 자

신들의 '적층 세라믹 콘덴서'를 판매할 수 없다는 계약 내용이 무척 불리하다고 느꼈을 것이다. 하지만 이미 계약은 완료되었고, 게다가 교세라는 일본 국내의 독점판매권을 확보하기 위해 라이선스 요금까지 치른 뒤였다. 버틀러 씨의 요청에 응할 이유는 전혀 없었지만 나는 그렇게 생각하지 않았다.

'인간으로서 무엇이 올바른가?'

나는 이 원칙에 의거해 생각을 이어갔다. '이 계약이 법적으로 문제는 없다. 따라서 AVX의 일방적인 주장에 의해 이 계약이 파기될 순 없다. 하지만 내가 지금까지 고수해온 원칙에 입각해 판단한다면 어떤 길이 옳은 것일까? 분명 이 계약은 AVX 측이 주장하는 것처럼 공정하지 않다. 교세라에 너무 일방적으로 유리하다.'

나는 결국 '해약하는 것이 올바른 길이다'라는 생각에 도달했고, 양사의 계약에서 교세라의 일본 내 독점 판매권 부분을 삭제하기로 했다.

당시 AVX에 재직했고, 그 회사 최고 경영 책임자와 교세라의 전무를 역임한 베네딕트 로젠 씨는 《포브스》의 1995년 11월 호 인터뷰에서 이렇게 말했다.

그때 버틀러 씨는 교세라와 에어로박스 간의 적층 세라믹 콘덴서에 관한 계약이 불공정하다고 주장했습니다. 그러자 놀랍게도 교세라의 사장이었던 이나모리 가즈오 씨도 그것을 인정하고 계약을 수정했습니다. 그 수정으로 인해 교세라는 미래에 얻을 수 있는 막대한 수익을 포기할 수밖에 없었습니다. 당시 많은 전문가가 교세라의 그 결정에 무척 당혹스러워했고, 글로벌 시장에 진출하려 했던 교세라가 미국 기업의 협상력에 밀려 크게 한 방 얻어맞은 사건이라고 평가했습니다. 하지만 이는 장기적 이익을 보지 못하는 근시안적 접근입니다. 이 일로 인해 교세라는 AVX와 수십 년을 투자해도 얻지 못할 강력한 우호 관계를 수립한 것이기 때문입니다.

이렇게 얻은 동료애가 이후 AVX를 인수하는 과정에 결정적 계기가 된 것이 사실이다. 새로운 기술력을 도입한 교세라는 본격적으로 세계 일렉트로닉스 시장에 뛰어들었고, 지금까지 이 분야에서 정상의 자리를 차지하고 있다.

물론 인수합병 당시 나는 계약 내용을 수정해준 일을

완전히 잊어버리고 있었다. 이 사례야말로 내가 베푼 선의가 돌고 돌아 나도 모르는 사이에 큰 복이 되어 되돌아온 멋진 사례라고 생각한다.

내가 사업을 하며
단 한 번도 실패 안 한 이유

모두가 만족할 수 있는 내용으로 계약을 수정한 뒤 수년의 시간이 흘렀다. 나는 앞으로 '적층 세라믹 콘덴서' 시장이 더욱 성장할 것이라 확신하고 아예 AVX를 인수하기로 마음먹었다.

1989년 AVX의 회장이었던 버틀러 씨에게 나는 "세계의 일렉트로닉스 산업의 발전을 위해 전자부품 제조사로서 함께 힘을 합쳐 공헌해보지 않겠습니까?"라고 기업 매수를 정식으로 요청했다. 버틀러 씨는 흔쾌히 승낙했다. 이제 구체적인 절차를 정해야 했다.

여러 방법 중 내가 먼저 제안한 것은 '주식 교환'이었다. 이 역시 AVX 측에서 바로 승낙해주었다. 교세라의 협상단은 당시 뉴욕 증권거래소에서 20달러 안팎이던 AVX의 주식을 50퍼센트 더 비싼 30달러로 평가해, 그 주식을 같은 거래소에서 거래되고 있던 교세라의 주식과 교환하기로 정했다. 당시 교세라의 주가는 82달러였다.

하지만 AVX는 자신들의 주가를 30달러가 아닌 32달러로 평가해달라고 재요청을 했다. 교세라의 상무이자 미국 시장을 총괄하는 로드니 랜슨 사장은 펄쩍 뛰며 말도 안 되는 요구라고 말했다. 내 변호사들 역시 AVX가 무리한 요청을 한 것이라면서 협상에 응하는 것을 반대했다. 그들은 상대의 무리한 부탁을 너무 쉽게 받아들이면 앞으로 이어질 교섭에서 상대가 더 큰 것을 요구할 것이라면서 단호하게 대처할 것을 주문했다.

하지만 나는 AVX의 버틀러 씨에게도 자기 회사에 투자한 주주들에 대한 책임이 있을 테니 단돈 1달러라도 높이려는 그의 심정이 이해가 되었다. 나는 결국 그들의 재평가 요청을 받아들였다.

그런데 다시 한 번 문제가 발생했다. 주식을 교환하

기로 한 1989년 12월이 되자 뉴욕 증권거래소의 다우 지수가 하락했고, 교세라의 주식도 10달러 가까이 떨어진 72달러가 된 것이다. 그 사실을 안 버틀러 씨가 당초 '82달러 대 32달러'로 교환하기로 한 조건을, 교세라의 주식이 72달러로 내려간 것을 반영해 '72달러 대 32달러'로 변경해달라고 요청했다.

상황이 이렇게 되니 최대한 상대방을 배려하려고 마음 먹었던 나조차 마음에 먹구름이 끼지 않을 수 없었다. 나는 버틀러 씨에게 전화를 걸어 이렇게 말했다. "교세라의 실적이 좋지 않아서 회사의 주가만 떨어진 것이라면 교세라에 책임이 있겠지만, 시장 전체의 주가가 떨어진 것이니 교환 비율을 변경할 수는 없습니다."

하지만 버틀러 씨도 물러나지 않았다. "이론대로라면 그렇겠지요. 하지만 우리에게도 많은 주주가 있기 때문에 현실적으로 70달러에 가까워진 주식을 82달러로 교환할 수는 없습니다." 그는 끝까지 교환 비율을 변경해달라고 강력히 주장했다.

물론 로드니 랜슨 사장과 변호사들은 이번에도 모두 완강히 반대했다. "시장 전체의 주가가 떨어졌으니 요청을 받아들이면 안 됩니다. 우리의 주장이 순리에 맞습니다."

나는 깊은 고민에 빠졌다. 주주를 생각하는 버틀러 씨의 마음을 도저히 모른 척할 수가 없었다. 나는 실무진에게 AVX가 요구하는 새 비율대로 주식을 교환할 경우 교세라의 손실이 어느 정도일지를 정확히 파악해보라고 지시했다. 우리가 좀 더 노력하면 메울 수 있는 정도의 손실 규모라는 것이 확인되었고, 나는 또다시 버틀러 씨의 요구를 흔쾌히 들어줬다.

여기까지의 모든 과정에는 그 어떤 이해타산도 개입되지 않았다. 그렇다고 무작정 정에 얽매인 것도 아니었다. 두 기업이 하나의 회사로 합병한다는 것은 전혀 문화가 다른 두 기업이 한 집에 들어가 사는 것과도 같다. 상대를 배려하지 않고서는 성공적인 결혼 생활을 할 수 없듯이, 지금 당장은 조금 손해를 보더라도 한발 양보하는 것이 장기적으로 봤을 때 훨씬 큰 성공을 거둘 수 있는 길이다.

다행히 교세라의 주가는 점차 회복됐고 상한가를 기록하기 시작했다. AVX의 주주들은 큰 이익을 얻게 되자 매우 기뻐했다. 그 기쁨은 직원들에게도 전해졌고 그러한 긍정적인 기운 덕분에 교세라와 AVX는 서로에 대한 반감이나 불만 없이 매우 빠르게 하나의 회사로 일치단결하게 되었다. AVX의 직원들은 교세라의 경영 철학과 경영 시스템을 큰 저항 없이 받아들였고, 결국 저력을 발휘해 합병 후 5년도 되지 않아 단기간에 뉴욕 증권거래소에 재상장을 하게 되었다.

AVX가 뉴욕 증권거래소에 재상장되자 교세라도 큰 이익을 얻었다. 1995년 9월 말 시점으로 단순히 시세 차익만으로 약 1476억 엔을 벌었고, 1996년 3분기에는 주식을 매도해 약 346억 엔의 매각 이익을 실현했다.

재상장 후 AVX는 급속하게 성장했고, 1989년 4억 2000만 달러에 불과하던 매출은 1994년 약 9억 8800만 달러로 수직 상승했다. 이익은 같은 시간 동안 무려 5.5배가 상승한 1억 1000만 달러를 기록했다.

사실 이 시기에 일본의 수많은 기업이 미국과 유럽의 우량 기업을 매수했다. 버블 경제의 막대한 자본력을 등에 업은 채 과감하게 투자를 확대했지만, 매수 기업과 끝까지 동반 성장한 경우는 매우 드물었다. 아마 인수합병과 주가 상승까지 성공한 경우는 교세라와 AVX가 유일할 것이다.

나는 이 성공이 모두 '이타심'의 결실이라고 생각한다. 나보다 상대를 소중히 여기고 상대의 마음이 다치지 않도록 배려하는 행동은 언뜻 보면 스스로를 희생하는 것처럼 보여도, 언젠가는 그 아름다운 마음이 돌고 돌아 자신에게 돌아오기 마련이다. 이것이 내가 단 한 번도 실패하지 않고 사업을 운영한 유일한 전략이라면 전략이다.

5장

왜 처음 이 일에 뛰어들었는가

1998년에 일본의 중견 사무기기 제조사인 미타 공업은 도산 위기에 처해 교세라에 구제를 요청해 왔다. 미타공업이 처한 상황을 검토하며 심사숙고한 끝에, 나는 그 요청을 받아들이기로 결정했다. 사업 재산 관리인을 파견해 재정 상황을 들여다봤더니 400억 엔이 넘는 채무가 있었다. 10년에 걸쳐 상환하는 계획을 세웠고, 교세라에서 파견한 신임 사장과 전 직원이 힘을 합쳐 노력한 끝에 당초 예상보다 빠른 2002년 3월 말까지 모든 채무를 상환할 수 있었다. 미타공업은 '교세라미타'라는 새 이름을 갖고 새 출발을 맞이했다.

당시 교세라미타의 이 신임 사장은 전 간부가 참석한 2001년 연말 회의에서 눈물을 흘리며 이야기했다. "교세라미타는 다시 수익을 올리는 기업으로 태어날 수 있게 됐습니다. 희망과 기쁨에 찬 직원들의 모습을 보니 제 마음이 벅찹니다. 생각해보면 20여 년 전에도 이나모리 회장님이 제가 몸담고 있던 사이버넷공업을 구해주셨는데, 이번에는 제가 반대로 교세라를 구하는 역할을 맡게 됐습니다. 운명이란 참으로 신기합니다. 회사가 기울어서 괴로워하던 저를 도와주신 이나모리 회장님과 교세라 직원 분들에게, 미타공업을 재건해 교세라미타를 키워나가는 것으로 미약하나마 은혜를 갚고 보답할 수 있어서 진심으로 기쁩니다."

그가 말한 사이버넷공업은 데이터 송수신 단말기인 트랜시버를 제조하고 판매하는 곳으로, 1970년대 미국에서 시티즌 밴드라고 부르는 무선통신 기술이 폭발적으로 보급됨에 따라 급성장을 이룬 회사였다. 그러나 몇 년 후 트랜시버의 규격이 변경되고 일본에서의 수입 규제가 시작되는 등 시장 상황이 급격하게 변했다. 생산라인을 풀가동할 정도로 일이 많았지만, 순식간에 수요는 완전히 말라버렸고 주문이 딱 끊어져버렸다. 공장 세 곳에 무려 2600명에 달하는 직원이 근무했던 사이버넷공업은 궁지에 몰리게 되었다.

경영이 악화되자 사이버넷공업은 교세라에 구제 요청을 해왔다. 그때도 나는 그 회사의 사장, 즉 현재 교세라미타를 이끌고 있는 사장을 만나 이야기를 들었는데, 회사와 직원을 살리고 싶다는 그의 절박한 마음이 전해져 내 마음까지 울컥했다. 사이버넷공업 사장과는 이렇게 인연을 맺게 되었고, 바로 그가 이번에는 교세라미타의 구원 투수로 등판한 것이다.

'구제의 기적을 맛본 자가 이번에는 그 기적을 다른 사람을 위해 베푸는구나!'

나는 연말 회의에서 눈물을 흘리며 말하는 그의 모습을 바라보며 '사람을 살리는 일이야말로 인간으로 태어나 할 수 있는 가장 올바른 일이라는 것'을 다시 한번 느꼈다. 그리고 이것이야말로 내가 처음 이 일에 뛰어든 이유라는 것을 깨달았다.

선의는 언제나
전략보다 강하다

단순하게 '인간으로서 올바른 일이니까 사람을 돕고 착한 일을 하자'는 주장은 사업을 하는 사람으로서는 할 수 없는 생각이다. 이렇게 해서 사업이 잘될 리는 당연히 없다. 사이버넷공업을 되살리겠다고 교세라그룹에 인수했지만 우리는 이내 큰 시련을 겪게 되었다.

우선 회사의 상황이 좋지 않은 만큼 위기를 극복할 새로운 사업 아이템이 필요했다. 급히 '하이파이 스테레오 음향 기기'를 제조했고, 미국 시장 판매용으로 수출을 시작하며 활로를 모색했다. 하지만 브랜드 인지도 부족, 개발 기술의 한계 등 여러 문제점이 드러나며 판매 실적은 곤두박질치기 시작했다. 나도 어떻게든 제품을 팔아보려고 몇 번이나 직접 미국에 들러 뉴욕 시내에 살고 있는 바이어를 상대로 힘겹게 교섭을 했던 기억이 난다.

돌파구를 찾기 위해 다른 사업을 모색하는 가운데 전자 사진(정전기 현상을 이용해 화상을 얻는 사진 기록 방식) 프린터 개발과 제조에 도전했다. 하지만 이것도 잘되지 않았다. 사이버넷공업이 가지고 있는 기술을 조금이라도 활용해보려고 생각해낸 것이었는데, 그 기술이 프린터 개발에 필요한 기술의 일부에 지나지 않아서 개발 진행은 지지부진했다. 그래도 어쩔 수 없었다. 필요한 자금과 인재를 투입하고 상당한 시간을 들여 더욱 개발에 힘썼다. 그 결과 간신히 제품 개발에는 성공했지만, 그다음 더 큰 산이 우리를 기다리고 있었다.

겨우겨우 '유기 감광드럼'을 사용한 프린터를 완성해 거래처인 유럽에 수출했다. 그러나 유럽에 도착한 프린터를 테스트 가동시키자 정상적으로 작동되지 않았다. 원인을 조사해보니 배에 실린 제품이 일본을 출항해 적도를 지나 인도양을 건너 수에즈운하를 통과하는 과정에서 고

온다습한 환경 속에서 화물칸 안의 유기 감광드럼이 본래의 성능을 잃어버린 것이었다. 급히 교체할 부품을 항공편으로 보냈고, 이후에도 문제를 해결하는 내내 아주 애를 태웠다.

그런 상황을 모두 겪어내면서도 우리는 사이버넷공업을 새롭게 일으킬 현금 흐름을 만들어내고, 교세라와 함께 정보기기 사업을 육성하는 일에 힘썼다. 그야말로 흔들리지 않는 집념으로 새로운 사업의 성공을 위해 모든 힘을 쏟아부었다.

가장 먼저 손을 댄 트랜시버 사업이 실패하고 그다음으로 뛰어든 하이파이 스테레오 사업마저 좌절되었을 때, 아마 다른 경영자였다면 당장에라도 모든 전자제품 사업에서 아예 철수하는 쪽을 생각했을 것이다. 하지만 우리는 '포기하지 않는다'는 정신으로 다시 한번 전자사진 기술을 갈고닦으며, 프린터 비즈니스에 과감히 도전했다.

앞에서 말한 유기 감광드럼을 사용한 제품을 고생에 고생을 거듭하며 개발하던 가운데, '비정질 실리콘'이라고 하는 재료를 사용해 수명이 훨씬 길어진 획기적인 감광드럼 개발을 진행해나갔다. 비정질 실리콘 감광드럼을 사용한 새로운 프린터 제품이 완성되어 겨우 교세라의 프린터 사업이 궤도에 오르기 시작했다.

좋은 일이라고 생각해서 다른 사람의 일을 도와주려다가 역으로 큰 피해를 입는 일이 많다. 예컨대 대출 보증을 해주었다가 곤욕을 치렀다는 이야기는 이제 더 이상 새롭지도 않다.

그런 상황과 반대로 착한 일을 해서 좋은 결과를 맺기 원한다면, 다른 사람보다 몇 배 더 노력을 기울이고 창의성을 발휘해나가려 부단히 자신의 능력을 갈고닦아야 한다. 그렇게 해야만 간신히 훌륭한 성과를 기대할 수 있는 것이다. 지금까지 내가 해온 일은 모두 그러한 과정의 연속이었다. 다이니덴덴을 경영할 때나, 일본항공의 재건에 임할 때나 모두 단순히 '세상을 위해, 사람을 위해'라는 착하고 좋은 뜻만으로는 잘해나가기 어려웠다.

전에 없던 완전히 새로운 일에 도전하거나, 지금까지 잘되지 않던 일에 임하다 보면, 반드시 큰 문제가 터져 나온다. 그럼에도 좌절하지 않고 문제를 해결하기 위해 필사적으로 매달리다 보면, 결국 어떻게든 하나씩 극복하게 된다. 가시밭길이 끝없이 펼쳐진 길을 지나야 비로소 성공이라는 열매를 맛보게 되는 것이다.

교세라의 프린터 사업도 애태우며 매우 고생한 끝에 간신히 궤도에 올랐고, 이후 교세라미타의 사장이 열성적으로 도와준 덕분에 수년이 흘러 현재는 2400억 엔이 넘는 매출을 올리는 수준에 이르렀다. 중국에 위치한 대규모 공장에 이어 베트남에 새로운 공장을 건설했고, 이 생산 거점을 발판 삼아 더욱 사업을 확장시켜 전 세계로 진출해나가고 있다.

막대한 부채를 안고 도산할 뻔한 회사가 마침내 수익을 올리는 훌륭한 회사로 변신했고, 내일을 기약할 수 없는 불안을 안고 있던 직원들이 미래에 대한 밝은 희망을 품게 되었다.

흔히 '경영이라는 것은 합리적으로 전략과 전술을 구사하는 것'이라고들 생각한다. 그러나 교세라미타의 기적적 재건의 역사가 증명하는 것처럼, 경영의 세계에서는 인간으로서 올바른 일을 관철하는 것이 전략이나 전술보다 훨씬 더 중요하다. 선의가 성공을 부른다는 진리를 이해한다면 경영에서 넘지 못할 산은 없을 것이다.

깨끗하게 경쟁해도
이길 수 있다는 믿음

여러 번 강조하건대, 나는 모든 판단의 기준을 '인간으로서 무엇이 올바른가'라는 질문에 둔다. 바로 이 '인간으로서'라는 부분이 중요하다. 내 사업에 무엇이 좋은가도 아니고, 하물며 나 개인에게 무엇이 좋은가도 아니다. 어느 기업, 한 개인을 향한 이해득실을 넘어, 누가 보아도 공명정대하기에 하늘 아래 한 점 부끄러움이 없다고 할 만한 바른 행동을 관철하는 것이 기준이다. 이것은 교세라에서 나를 비롯한 전 직원에게 가장 근본적인 행동 규범이 되었다.

사업을 하는 이상 조직은 반드시 수익을 내야 하지만, 이런 수익은 어디까지나 결과일 뿐이다. 사업의 과정에서는 자신의 일을 통해 '세상을 위해, 사람을 위해'라는 대의를 실천하려는 자세가 반드시 필요하다. 이런 대의는 사심이 전혀 없는 선한 동기에서만 생겨난다.

내가 이렇게 이야기하면 '그렇게 해서는 기업 간 격렬한 경쟁 속에서 도저히 살아남을 수 없다'라거나 '깨끗하게 경쟁해서는 결코 이익을 낼 수 없다'라고 생각하는 사람이 분명 있을 것이다.

하지만 약육강식의 논리가 지배하는 비즈니스 세계라고 해도 사심 없이 선한 동기로 깨끗하게 경쟁하겠다는 확고한 경영 철학이 모든 것에 앞선다고 나는 확신한다. 또한 바로 이것이 기업을 성장시키는 가장 근본적인 요인이라고 믿는다.

내가 이토록 확고한 철학을 세우게 된 계기를 정보통신 기업 다이니덴덴을 창업하며 일본 최초로 민간 통신 사업에 뛰어들었던 과정을 사례로 삼아 설명하고자 한다.

나는 일찍이 미국에 진출해 사업을 하고 있었기 때문에 미국의 통신비가 일본에 비해 저렴하다는 사실을 알고 있었다. 그래서 이 차이가 미국의 산업 활동에는 말할 것도 없고, 그들의 생활에 헤아릴 수 없을 만큼 큰 혜택을 제공한다는 것을 통감하고 있었다.

1984년 일본에서 전기통신 사업의 민영화가 결정되어 장거리 통신 사업에 기업들의 신규 참여가 가능해지자, 대기업이 모두 참여해서 장거리 통신 요금을 끌어내려 줄 것이라고 많은 사람이 크게 기대하고 있었다.

하지만 강력한 힘을 가진 당시 업계 1위 기업 일본전신전화(NTT)에 대항해 사업을 시작한다는 것은 그야말로 기름을 뒤집어쓰고 불속에 뛰어드는 것과 같은 일이었다. NTT는 당시 일본 정부가 지분의 3분의 1을 소유하고 있었고 아시아에서 손에 꼽을 정도로 규모가 큰 초대형 통신회사였다. 그래서 민간 대기업 중에 NTT에 맞서겠다고 나서는 기업은 하나도 없었다.

그런 상황을 쭉 지켜보니, 국내 대기업들이 과연 NTT에 정면으로 도전하는 경쟁에 뛰어들어 뼈를 깎아내는 심정으로 국민을 위해 장거리 통신비를 낮추려고 도전할지 의문이 들었다.

'그렇다면 교세라라도 이 사업에 착수해야 하는 것은

아닐까?'

나는 고민하기 시작했다. 교세라는 벤처기업으로서 성공적으로 사업을 일으킨 경험이 있었고, 과감한 도전 정신으로 사업을 전개해가며 '세상을 위해, 사람을 위해 도움이 되자'는 경영 철학을 실천하는 기업이었다. 사람들에게 실질적인 도움을 줄 수 있는 이 사업을 통해 사회에 공헌한다면, 이것이야말로 교세라의 경영 철학에 정확히 맞아떨어지는 숭고한 사명이라고 생각했다.

그렇지만 당시 매출이 4조 엔을 훨씬 넘어서는 NTT와 정면으로 승부하기에는 교세라는 너무도 작은 회사였다. '이는 마치 창 하나를 들고 거대한 풍차에 맞선 돈키호테와 같은 짓은 아닐까? 이런 국가적인 프로젝트는 교세라가 아니라 더 큰 기업이 해야 하지 않을까?' 이런 생각도 들었다.

하지만 장거리 통신비를 인하해서 국민에게 공헌할 수 있는 사업에 그 누구도 나서지 못할 것이라는 초조함을 차마 떨쳐낼 수 없었다. 마음속에 이런저런 생각이 뒤엉켜 고민하는 나날이 계속되었다. 자기 직전에 매일 하루도 빠짐없이 스스로에게 물었다.

'내가 이 사업에 뛰어들려는 것은 정말로 대중을 위해 장거리 통신비를 조금이라도 낮추려는 순수한 동기인가? 아니면 큰돈을 챙기려는 사심과 야욕인가? 그 동기는 한 점 부끄러움도 없는 순수한 것인가?'

밤마다 내 안의 나에게 집요하고 끈질기게 묻고 또 물었다.

'나 자신을 좋은 사람으로 세상에 내보이고 싶은 사심이 있지는 않은가?'
'단지 남들에게 과시하려는 행동은 아닌가?'
'동기가 선한가, 사심은 없는가?'

그리고 반년 가까이 고민을 거듭한 끝에 가까스로 이 일에 임하는 나의 자세에 대해 확신할 수 있었다. 그러자 그동안 내가 했던 고민은 흔적도 없이 사라지고, 아무리 만만치 않은 사업이라도 이것을 반드시 실행해내겠다는 강한 의지와 용기가 불끈 샘솟기 시작했다. 사업을 하기 위한 대의와 명분은 확보했고 나 자신을 고무하기 위한 순수한 생각도 확인했기에, 그때부터는 어떠한 것도 두렵

지 않았다. 나는 오로지 회사 설립에만 매진했다.

나는 통신망을 이용하는 국민들의 요금 부담을 조금이라도 줄여보겠다는 순수한 동기 하나로 전기통신 사업에 본격 진출했다. 이것이 바로 다이니덴덴의 시작이었다.

하지만 그 누구도 교세라의 신규 사업 진출이 성공할 것이라곤 예상하지 않았다. 통신 사업에 관한 경험과 기술이 없다는 게 이유였다. 다른 경쟁사들처럼 기존 철도 노선이나 고속도로를 이용해 케이블을 까는 것도 불가능했다. 우리는 사업에 필요한 인프라를 하나부터 열까지 새로 구축해야만 했다. 게다가 다이니덴덴은 거대 기업 그룹의 지원을 기대할 수 없었기에 대리점 유통망도 아예 처음부터 하나씩 만들어나가야만 했다.

하지만 막상 뚜껑을 열어보니 정반대의 일이 벌어졌다. 갖춘 것보다 없는 것이 더 많은 불리한 상황 속에서도 다이니덴덴은 경쟁 업체 중 가장 훌륭한 영업 실적을 올려 선두로 치고 나가게 된 것이다.

압도적으로 불리한 조건을 어떻게 뒤집을 수 있었을까? 지금도 많은 경영자가 내게 이런 질문을 던져온다. 그럴 때 나는 항상 이렇게 답한다.

"마음먹는 방식의 차이입니다. 우리가 성공한 것은 순수한 마음으로 이 사업에 임했기 때문입니다."

창업 초기부터 나는 이런 각오를 다져왔다.

> 국민을 위해 장거리 통신비를 조금이라도 내려보자. 최선을 다해 한번 해보자. 한 번뿐인 인생에 정말로 의미 있는 일을 해보자. 지금 우리는 100년에 한 번 있을까 말까 하는 큰 기회를 얻은 것이다. 마냥 바란다고 얻을 수 없는 이 멋진 기회를 우리가 받은 것에 감사하며, 이 기회를 반드시 살려보자.

나는 다이니덴덴 직원들에게 피를 토하며 호소했고, 내 뜻을 알아준 직원들의 열렬한 투혼 덕분에 결국 목표를 달성하게 되었다. 직원들은 국민을 위해 일한다는 순수한 마음으로 이 사업의 성공을 향해 열과 성을 기꺼이 바쳤다.

그런 다이니덴덴 직원들의 모습을 보고 대리점 분들도 지지하며 응원을 보내주었다. 우리의 진심이 전해지자 고객들까지 성원을 보내주었고, 우리와 같은 마음을 가진 사람들 모두의 힘을 합쳐 이 사업을 성공으로 이끌게 되었다.

가장 빨리
업계 1위가 되어라

다이니덴덴을 성공 궤도에 안착시킨 뒤 나는 장거리 통신 사업에 이어 이동통신 사업에도 뛰어들기로 결심했다.

다이니덴덴을 막 창업했을 때부터 내게는 '언젠가 휴대전화의 시대가 올 것이다'라는 강한 확신이 있었다. '언제든', '어디서든', '누구하고든' 전화로 소통할 수 있는 날이 멀지 않았다고 예측했다. 교세라가 대규모 집적회로용 세라믹 패키지를 제조하는 것을 보며 반도체 관련 기술이 얼마나 눈부시게 진보하는지 그때부터 이해하고 있었기 때문이다. 그래서 언젠가 손으로 들고 다닐 수 있는 크기로 전화기가 만들어질 것이라고 추측할 수 있었다.

'이동통신의 대중화.'

나는 이것이 우리 교세라와 다이니덴덴이 새롭게 도전할 아젠다라는 강한 확신을 품었다. 그래서 자신 있게 이동통신 사업에 참여하자고 임원회의에서 제안을 했는데, 나의 기대와 달리 단 한 명을 제외한 임원 전원이 이동통신 사업에 참여하는 것에 극구 반대했다.

그 이유는 이랬다.

"앞서 사업을 시작한 미국의 이동통신 기업은 모두 적자를 내고 있습니다. 심지어 NTT의 이동통신 사업도 시작한 지 5, 6년이 지나도록 여전히 큰 적자를 안고 있는 실정입니다. 세계에서도 이동통신 사업에 성공한 사례가 없습니다. 창업한 지 얼마 되지 않아 당장 다이니덴덴의 앞날도 알 수가 없는데, 왜 굳이 실패할 확률이 높은 사업에 뛰어들어야 합니까?"

나는 기가 차서 말이 나오지 않았다. 나는 이동통신 사업이야말로 반드시 국민의 이익을 실현하는 일이 될 것이라고 확신했기 때문에 내 의견에 유일하게 찬성한 젊은 임원과 단 둘이서라도 이동통신 사업을 시작하기로 했다.

당시 나와 같은 마음으로 이동통신 사업에 뛰어든 회사가 하나 더 있었다. 자동차 제조업을 기반으로 한 대기업이었다. 우리는 각자의 사업 구역을 분할하기 위해 교섭에 들어갔다.

나는 일본 열도를 단순하게 동서로 분할해 추첨으로 각자 담당할 지역을 정하는 방법을 먼저 제안했다. 그러나 상대 회사는 수도권은 거대 시장이므로 그 지역을 절대 포기할 수 없다고 못을 박았다. 게다가 나고야 지역은 자신들 회사의 근거지이므로 서쪽 지역마저 양보할 수 없다고 주장하며 제안을 거절했다. 게다가 일본 정부는 추첨은 허락할 수 없다고 해서 교섭은 진행되지 않았다.

답답한 상황이 계속되자 나는 고심을 거듭한 끝에, 그냥 상대방이 바라는 수도권과 나고야 지역을 모두 양보해 그 외의 지역에서 우리가 사업을 진행하기로 합의했다. 상대 회사에 비하면 기업의 지위가 낮은 우리가 한발 물러나는 수밖에 없다고 판단해 내린 결정이었다.

다이니덴덴의 임원회의에서 이 일을 보고하자 다른 임원들은 벌떡 일어나 고성을 질러댔다.

"그게 무슨 바보 같은 결정입니까!"

"가장 큰 매출을 기대할 수 있는 도쿄 시장을 뺏기고 사업이 성립되겠습니까?"

온갖 비난이 쏟아졌다. 이는 마땅한 비난이었다. 당시 상황에서는 수도권과 나고야 지역이라는 가장 큰 시장을 빼앗겨버린 일이 이후 사업 운영에서 치명적인 실패로 이어질 것처럼 보였기 때문이었다.

하지만 나는 그들에게 이렇게 말했다. "가장 경영하기 쉬운 도쿄나 나고야 지역에서 사업하고 싶은 것은 누구든 마찬가지라네. 그러니 어느 쪽이든 누군가가 먼저 양보하지 않으면 영영 이동통신 사업은 시작되지 않을 것이네. 그래서 어쩔 수 없이 우리가 한발 양보하는 쪽으로 문제를 해결하지 않을 수 없었네. 확실히 우리가 매우 불리한 조건 속에서 시작하게 되었지만, 설사 조금 불리하더라도 이동통신 사업에 참여할 수 있는 것만으로 감사하며 성공하기 위해 최선을 다해줄 수는 없겠는가?" 나는 그들에게 고개를 숙여 호소했다.

그래도 여전히 많은 사람이 나의 결정을 비웃었다. 단팥빵 중 가장 맛있는 속은 버리고 가장자리의 빵만 주워 먹는 격이라고 놀렸다.

"여러분의 말이 틀리지 않았네. 하지만 껍질이라도 먹을 수 있으면 굶어죽지는 않는다네. 모두 함께 노력해서 그 껍질을 더 빛나고 귀한 것으로 바꾸어보지 않겠는가?"

결국 나는 이렇게 끈질기게 임원들을 설득해서 간신히 이동통신 사업을 시작할 수 있게 되었다.

고맙게도 나의 결정에 동의해준 직원들도 적지 않았다. 그렇기 때문에 더욱 이 사업을 성공시켜야 한다는 의지가 강할 수밖에 없었고, 또 성공하려면 다른 사람보다 몇 배 더 노력해야 한다는 사실도 잘 알고 있었다.

'절대로 질 수 없다. 반드시 성공시킨다!'

나와 직원들은 이 사업에 모든 것을 쏟았다. 수도권과 나고야 지역 이외의 지역에서 일단 사업지 8곳을 설립해 사업을 시작했다. 애초 걱정한 것과는 달리 사업은 순항했고 실적도 점차 상승 곡선을 이뤘다.

1990년 말, 약 18만 명의 가입자를 모았고 1993년에는 약 47만 명에 육박하는 실적을 올렸다. 압도적으로 불리한 지역을 맡아 사업을 시작했음에도 이 상황을 극복해가며 수도권에서 사업을 시작한 또 다른 이동통신 회사를 오히려 앞질러 격차를 점차 벌려나갔다.

우리가 불리한 여건을 뒤로하고 놀라운 성과를 거둘 수 있었던 이유는 무엇이었을까? 그것은 높은 이상과 명확한 경영 철학을 지녔다는 것이 아니었을까? 신의 가호가 있었다고 믿을 수밖에 없을 정도로 다이니덴덴은 이동통신 사업에서 기대 이상의 열매를 맺었다.

일에서도, 사업에서도 그 동기가 순수하면 반드시 잘 풀린다. 사심을 버리고 세상을 위해, 사람을 위해 옳게 행하면 그 누구도 막을 수 없다. 그 일이 막히기는커녕 하늘이 두 팔을 걷어붙이고 도와준다.

오직
사람을 위해 일한다

1984년 나는 NTT의 독점에 대항해 국민에게 질 좋고 저렴한 통신 서비스를 제공하기 위해 다이니덴덴을 창업했다.

하지만 광범위한 시내 회선과 장거리 회선을 모두 갖춘 거대 통신사와의 경쟁은 쉽지 않았다. 어려운 싸움이었지만 이 사업은 국민에게 더 나은 서비스를 더 저렴한 가격에 제공하는 좋은 일이라는 마음 하나로 열심히 경영을 지속해나갔다.

그러나 현실은 녹록치 않았다. 일본 정부의 비호 아래

NTT 그룹은 이전보다 한층 거대해졌다. 이대로는 일본의 정보통신 산업의 건전한 발전이 불가능하겠다는 생각이 들었다. 강한 위기감을 안게 된 나는 '작은 의견 차이가 있어도 큰 줄기를 따른다'는 원칙 아래 NTT의 사업 독점에 대항하는 세력을 모아, 각자의 이해득실을 넘어 대동단결할 계획을 구상했다.

NTT의 휴대전화 및 이동통신 분야를 담당하는 'NTT 도코모'에 대항하기 위해서는 우선 일본이동통신(IDO)과의 합병이 필요했고, 또 국제 및 장거리 통신 분야 사업을 맡고 있는 'NTT커뮤니케이션즈'에 대항하기 위해서는 국제전신전화(KDD)와 힘을 합쳐야 했다. 머릿속으로 대충 판을 짜자마자 나는 곧바로 실행에 옮겼다.

우선 KDD, IDO의 최대 주주인 도요타자동차의 오쿠다 히로시 회장과 조 후지오 사장을 만났다. 또 KDD의 나카무라 다이조 회장과 니시모토 다다시 사장도 만났다.

"국민을 위해 일본의 정보통신 산업을 건전하게 발전시키려면 어떻게 해서든지 NTT에 대항할 세력을 만들어야 합니다. 그러기 위해서는 '작은 차이가 있어도 큰 줄기를 따르는' 방법밖에는 없습니다. 각 기업의 이해관계를 넘어 대의를 위해 받아들여주지 않겠습니까?"

다행히 모두 훌륭한 식견을 가진 분들이라서, 각 기업의 사정이 있었겠지만 네 사람 모두 대의를 위해 설득에 앞장선 나의 뜻에 공감해주었다. 그렇게 통신 3사는 하나의 통신기업으로 합병하기로 결정했고, 이것이 바로 'KDDI'의 탄생 배경이다.

기업 문화가 다른 여러 회사가 하나가 되는 경우 사내 대립이 생길 수도 있다. 하지만 KDDI는 이와 같은 하나의 순수한 동기로 설립되었기 때문에 큰 분쟁 없이 힘을 합할 수 있었다.

'각 회사의 장점을 살려 21세기 일본의 정보통신을 담당하는 기업으로 꾸준히 성장해나가며 국민 전체의 이익을 위해 일한다!' 이처럼 '하나의 마음'이 지닌 강력한 힘을 증명한 사례가 또 있다. KDDI에는 '오키나와셀룰러전화'라고 하는 자회사가 있다. 오키나와에서 휴대전화 사업을 전담하는 기업인데 지역 점유율 1위를 자랑하고 있다.

내가 처음으로 오키나와를 방문한 것은 1975년 어느 호텔의 오픈 행사에 초대되었을 때의 일이다. 오키나와는 그 지역의 전통 춤이나 노래를 보면 알 수 있듯이, 다른 지역에서는 볼 수 없는 독특하고 멋진 문화가 깃들어 있다. 그런 오키나와의 분위기를 직접 체험해보니 마치 오키나와가 독자적이고 특색 있는 문화를 구축해온 독립국가처럼 느껴질 정도였다.

이는 느낌만이 아니라, 실제 오키나와의 역사이기도 했다. 오키나와의 역사에는 온갖 고초를 모두 겪어온 아픔과 한이 서려 있다. 오랫동안 강대국 중국의 지배 아래에 있다가 에도시대에는 사쓰마번에 착취를 당했고, 거기에다가 제2차 세계대전이 벌어졌을 때는 본토 방위를 위한 총알받이로 엄청난 희생을 강요받았다. 나는 이 작은 섬에 조금이라도 위안을 전하고자 고민을 거듭했다.

그러던 1990년 어느 날 당시 일본흥업은행 특별고문이었던 나카야마 소헤이 씨의 주선으로 일본 본토와 오키나와 지역의 주요 경영자들이 섬에 모였다. 그날 오키나와 경제 발전을 촉진하기 위해 '오키나와 간담회'가 창립되었다. 나도 회원으로 추천되어 합류했고, 이후 오키나와의 발전을 위해 내가 무엇을 할 수 있을지 더욱 깊이 궁리하기 시작했다.

오키나와는 오랜 시간 본토로부터 방치된 채 자신들만의 길을 걸어왔다. 일본의 경제계는 여러 방면에서 오키나와를 지원하기 위해 애쓰겠다고 공언했지만 약속이 실천으로 연결된 사례는 드물었다.

나는 오키나와 지역과 오키나와 사람들에게 실질적으로 도움이 될 만한 경제적 지원으로, 휴대전화 사업을 벌이는 거대한 통신 회사를 오키나와에 단독으로 설립하는 방안을 제시했다.

오키나와 간담회 석상에서 나는 이렇게 선언했다.

"저는 이 오키나와를 다른 지역의 일부 영업 지역으로 다루지 않고, 오직 이 지역만을 위해 '오키나와셀룰러전화'라는 독립적인 회사를 만들고자 합니다. 오키나와 경제계를 이끄는 여러분이 출자해주시지 않겠습니까?"

반응은 폭발적이었다. "본토에서 온 재계 인사 중 우리 지역의 경제를 살리기 위한 구체적이고 실천적인 방안을 제안해준 분은 당신이 처음입니다." 결국 오키나와와 직간접적으로 연관된 수많은 기업인들로부터 자본을 얻어 회사를 설립할 수 있었다.

회사를 설립할 당시 다이니덴덴이 최대 주주의 위치에

있었지만, 나는 40퍼센트 정도의 주식을 오키나와 지역 경제에 나누었다. 회장을 제외하곤 모든 임원을 오키나와 주민으로 채용하기도 했다. 이러한 조치 덕분에 오키나와 셀룰러전화는 출발 당시부터 출자자, 임원, 직원 모두 사기가 충천했고, '우리 모두의 회사다'라는 주인의식을 갖고 회사의 발전을 위해 필사적으로 노력할 수 있었다.

그 결과 오키나와셀룰러전화는 창업 이후 지속적으로 성장해, 지역 기업으로는 전국에서 유일하게 지역 내 점유율 1위를 수년째 고수하고 있다. 1997년에 상장을 이루었으며, 지금까지도 순조롭게 좋은 실적을 내며 그 흐름을 이어나가고 있다.

오키나와셀룰러전화의 성공 사례는 사업의 본질이 무엇인지 깨닫게 하는 중요한 사례라고 생각한다. 결국 우리가 세상에 없던 새로운 일을 벌이는 이유는, 그 일을 하는 사람들에게 행복을 전하기 위함이다. 나는 앞으로도 이런 사업을 계속 벌이고 싶다.

얻은 것을
세상에 돌려줘야 하는 이유

나는 27살 때 교세라를 창업한 이후, 파인세라믹스의 개발과 회사 경영에 심혈을 기울여왔다. 다행히도 회사는 순조롭게 성장을 해나갔고, 그 덕분에 다양한 분야에서 많은 상을 받을 기회가 있었다.

이 중에서 가장 기억에 남는 상이 하나 있다. 1981년에 받은 '반 기념상'이 그것인데, 이 상은 도쿄대학의 반 이츠키 선생이 기술 개발 부문에 공헌한 인물을 후원하기 위해 제정한 상이었다. 나는 별다른 뜻 없이 수상을 영광으로 받아들이며 시상식에 참석했다. 하지만 막상 반 선생을 직접 뵈니 갑자기 나 자신이 부끄러워졌다. 그동안 이 시상 사업을 사비로 지속해오셨다는 사실을 알게 되었기 때문이다. 선생은 연구로 얻은 특허 수입 전부를 이 사업에 기부하셨다.

상장 기업을 이끌며 상당한 사재를 모아왔음에도 여전히 마냥 받기만 하는 편에 서 있던 나는 반 선생을 차마 쳐다볼 면목이 없었다. '이래도 괜찮은 걸까? 이제는 내가 무언가를 받기만 하는 게 아니라 가진 것을 나누는 사람이 되어야 하는 것은 아닐까?'

이때부터 내가 인생에서 얻은 자산을 어떤 형태로든 세상에 돌려주어야겠다고 다짐했다. 그 무렵 일본 IBM 사장이었던 시이나 다케오 씨가 주최한 어느 경제 포럼에 초청을 받아 교토대학의 야노 도오루 선생을 만난 적이 있다. 그후로 종종 왕래하며 교류를 이어갔는데, 1982년 무렵 야노 선생으로부터 너무나 감사한 제안을 받았다.

"교토 학파의 사람들이 의논할 수 있는 장이 교토에 있으면 좋지 않을까요? 이나모리 씨, 재계를 대표하는 경제인으로서 지원해주시지 않겠습니까?"

나는 그 자리에서 제안을 흔쾌히 수락하고, 곧장 학계

와 재계 간 지적 교류를 위한 '교토 회의'를 출범시킬 준비에 착수했다. 여러 쟁쟁한 분들이 이 모임에 참여해주었다.

1983년 무렵 야노 선생과 만나 구체적인 준비 계획을 의논했다. "회장님, 이왕 사업을 추진할 것이라면 노벨상에 버금가는 훌륭한 상을 만들면 어떨까요? 노벨 재단과 친분이 있으니 필요하시다면 도와드리도록 하겠습니다."

나는 그다음 날 바로 자원에너지청 장관으로 일했던 모리야마 싱고 씨에게 상담을 청했다. 모리야마 씨는 나와 같은 가고시마 출신으로, 정계에서 물러난 뒤 교세라에서 일하기로 약속을 한 상태였다. 그에게 나는 이렇게 고민을 털어놓았다.

"젊었을 때는 사회에 환원하고 싶다고 공언해도 막상 나이가 들면 욕심이 커져 기부를 포기하는 사람이 많은 것 같네. 나도 지금 교세라의 주식을 어느 정도 갖고 있는데 사회에 환원하지 않으면 안 된다고 생각하고 있다네. 하지만 주변에서 내 나이로 봤을 때 너무 이른 게 아니냐고 걱정을 해서 조금 망설이고 있기는 하네."

그러자 모리야마 씨는 내게 이렇게 말했다.

"아니죠. 결코 빠른 게 아닙니다. 저도 다양한 재단의 설립을 도운 적이 있습니다. 지금 당장 시작하셔도 됩니다. 회장님은 분명 앞으로 더 크게 성공하실 테고, 지금부터라도 그 덕을 세상에 환원하지 않으면 영영 기회를 잃어버리게 될 것입니다."

이렇게 해서 1984년 4월 내가 보유하고 있던 교세라 주식과 현금을 합쳐 200억 엔 상당의 자산을 바탕으로 이나모리재단을 설립했다.

한편 그 무렵 우연히 소개받은 초대형 종합상사 이토추의 세지마 류조 씨에게도 나는 재단 설립에 관한 이야기를 꺼냈다. 이토추는 1858년 이토 주베이가 창업한 일본의 5대 종합 무역상사 중 하나로 막강한 유통망을 지닌 세계적인 기업이다.

그는 만면에 미소를 지으며 자기도 참여하고 싶다는 뜻을 강력히 피력했다.

"참 좋은 일이군요. 제가 도와드릴 일이 있으면 무엇이든 말씀해주세요. 숭고한 대의에 꼭 동참하고 싶습니다."
이 인연으로 훗날 세지마 류조 씨는 이나모리재단의 회장으로 취임에 넓은 식견으로 재단 관련 일을 도맡아줬다.

재단 운영에 관한 청사진이 어느 정도 그려지자, 과거 야노 선생님이 소개해주겠다던 노벨 재단이 떠올랐다. 나는 바로 야노 선생님에게 연락을 해 재단 방문을 문의했다. 당시 노벨 재단의 전무이사 라멜 남작에게 시상 사업 계획을 이야기하자 그 역시 진심으로 반가워했다.

"정말 훌륭한 일입니다. 저희 노벨 재단도 진심으로 그 훌륭한 뜻을 응원하겠습니다."

그러면서 그는 이런 당부도 덧붙였다.

"국내가 아닌 전 세계를 대상으로 시상하는 상이라면 역시 그에 어울리는 심사의 질이 확보되어야 합니다. 그리고 다른 무엇보다 가장 중요한 것은 시상의 지속성입니다. 한 차례라도 시상이 중단되면 상의 권위에 큰 흠집이 날 수도 있습니다."

이 조언을 바탕으로 우리는 '교토상' 제정에 힘을 쏟았고, 노벨 재단에 경의를 표하는 뜻으로 제1회 교토상을 시상할 때 '특별상' 부문을 만들어 노벨 재단에 시상하기로 결정했다.

또한 노벨상이 자신들의 이념으로 삼고 있는 '노벨의 유언'처럼 나 역시 이나모리재단과 교토상 사업을 시작하며 '교토상의 이념'을 만들었다. 이는 훗날 교토상의 심사 및 시상에서 가장 중요한 기준이 되었다.

이 이념 중에서 내가 가장 중요하게 꼽은 원칙은 이것이다.

'사람과 세상을 위해 도움이 되는 것이 인간으로서의 최고의 행위다.'

예전부터 나는 나를 키워준 사람들, 내게 지원을 아끼지 않은 사회, 그리고 나라는 존재를 품어준 세상을 위해 은혜를 갚고 싶다고 생각해왔다. 또한 세상에는 아직 알려지지 않았지만 자신의 분야에서 치열하게 노력하는 수많은 사업가들을 위한 상이 너무 적다고 느껴왔다. 그들의 보이지 않는 분투에 조금이나마 위로를 건네고자 하는 마음에서 교토상은 시작됐다.

인류 전체를
위하라

현재 과학이 이룩한 성과에 비해, 인류의 정신에 대한 탐구는 많이 뒤떨어져 있는 것 같다. 그러나 나는 인류의 철학과 사상을 연구하는 일이 기술의 발전 못지않게 매우 중요하다고 생각했다. 더 나아가 이 두 부문이 균형을 이루며 발전하지 않으면, 장차 인류와 사회에 큰 불행을 불러일으킬 것이라는 생각이 들었다.

그런 이유로 교토상이 과학 문명과 정신 문화의 균형 잡힌 발전에 기여하고, 나아가 인류의 행복에 공헌하기를 바랐다.

재단을 창설하고 시상 부문에 대해 여러 차례 논의한 끝에, 교토상은 우선 기초과학을 응용한 기술에 초점을 두자는 쪽으로 정했다. 그래서 공학 부문 연구자들을 대상으로 하는 '첨단기술 부문'과 '기초과학 부문'에 각각 하나의 상을 두고, 거기에 더해 '정신과학 및 표현예술 부문'에 하나의 상을 뒀다.

나는 "왜 교토상에 철학과 예술과 관련한 상을 만들었는가?"라는 질문을 자주 듣는다. 지금 우리 사회를 보면 과학기술의 놀라운 발전이 불러온 물질문명의 성장에 비해, 윤리나 도덕을 포함한 인간의 정신과 사상 연구 면에서는 그 발전을 실감하기가 어렵다. 그래서인지 텔레비전이나 신문에서는 매일같이 전쟁과 범죄에 관한 뉴스가 흘러나오고, 국민의 모범이 되어야만 하는 정치인과 관료 그리고 기업 총수까지도 반복해서 물의를 일으키는 사건이 보도되고 있다.

이렇게 우리 사회의 도덕과 윤리 의식이 황폐해진 가운데 아무리 '신의 기술'에 버금가는 고도의 과학이 발달해 봤자 무슨 의미가 있겠는가? 오직 첨단기술만 발전하고 그것을 구사할 인간의 정신적 성장이 뒤따르지 않으면 인류의 미래가 어떻게 되겠는가?

이러한 현대사회에 경종을 울리는 의미에서 교토상에
는 반드시 인간의 정신에 관한 활동을 시상하는 부문을
만들고 싶다는 생각을 했다. 다행히 많은 사람이 내 생각
에 공감해주었고, 나중에는 이 부문이 바로 교토상의 가
장 큰 가치라는 평가를 듣기도 했다.

이렇게 해서 교토상은 첨단기술 부문, 기초과학 부문,
정신과학 및 표현예술 부문 이렇게 세 부문을 시상 대상
으로 정했다. 수상자에게는 상금 4500만 엔과 메달, 상장
을 수여하기로 했다.

각 부문은 다시 4개의 세부 분야로 구성되었다. 첨단기
술 부문에는 '일렉트로닉스', '바이오테크놀로지 및 메디
컬테크놀로지', '재료과학', '정보과학'을 세부 분야로 두
었다. 이 분야들은 모두 20세기 후반에 꽃피어 21세기에
더욱 발전할 것이다. 기초과학 부문은 '생물과학', '수리과
학', '지구과학 및 우주과학', '생명과학'으로 이루어져 있
다. 그리고 교토상에서 가장 독특한 부문이라고 할 수 있
는 정신과학 및 표현예술 부문에는 '음악', '미술', '영화
및 연극', '철학 및 사상' 분야를 두었다.

노벨 재단의 라멜 전무이사도 충고했던 것처럼 시상 사업에는 공평하고 공정한 심사가 그 무엇보다도 중요하다. 교토상의 심사는 각 부문마다 '전문위원회'와 '심사위원회'가 주관한다. 그리고 전 부문을 심사하는 '교토상위원회'가 참여해 '삼심제'로 운영된다. 심사의 과정은 다음과 같다.

우선 이나모리재단에서 그해 각 분야의 전 세계 연구자와 전문가들에게 교토상 후보 추천을 의뢰한다. 그렇게 전 세계 곳곳에서 모은 후보자 목록을 전문위원회에 보내 심사를 맡긴다. 전문위원회는 후보자들 중에 각 부문의 상위 세 명을 선정해 그 결과를 심사위원회에 제출한다.

심사위원회는 전문위원회에서 내린 결론을 존중하는 한편 이를 다시 한번 엄정하게 심사한 뒤, 그 세 명의 이름을 교토상위원회에 전한다.

교토상위원회는 전문위원회, 심사위원회의 심의 결과를 바탕으로 상위 세 명의 후보자들을 교토상의 이념에 비추어 종합적 입장에서 살펴본 다음, 최종 후보자를 내정해 재단 이사회에 보고한다.

그리고 최종적으로 이사회의 승인을 받아 각 부문에서

그해의 교토상 수상자를 결정한다.

이것이 교토상의 심사 과정인데, 각 부문 아래에 둔 세부 분야 중에서 시상을 하는 분야가 매해 달라지기 때문에 각 분야에 가장 적합한 심사위원도 해마다 새로 정해야 한다. 하나의 심사에만 대략 3년이 걸린다. 첫해는 심사위원을 선정하고, 그다음 해는 심사위원에게 취임 의뢰를 한 뒤 수상 후보자 추천을 의뢰하고, 세 번째 해에는 약 반년에 걸친 심사를 통해 수상자를 결정한 다음 비로소 시상식을 거행한다.

시상 사업에 이렇게 공을 들인 덕분일까? 교토상 수상자 중 무려 다섯 명이 수상 이후 노벨상을 받게 되었다. 교토상의 권위를 세계에서도 인정한 것이다. 이를 통해 교토상의 심사와 선정 과정이 매우 엄정하고 높은 수준을 자랑한다는 사실을 확인하며 깊은 자부심을 느끼고 있다.

수상자가 선정되면 매해 단풍이 아름다운 교토의 거리에서 교토상 시상식과 함께 각종 행사가 열린다. 매해 11월 10일에 시상식이 열리고, 11일과 12일에 각각 강연회와 워크숍을 진행한다. 수상자를 소개하는 시간도 있다. 그의 생애와 가족과의 추억, 연구실의 풍경 등 수상자들이 걸어온 연구 인생과 개인적인 삶의 모습을 엿볼 수 있다.

시상식 프로그램의 마지막은 어린이들의 합창이다. 교토 어린이들이 부르는 동요가 시상식장 가득 울려 퍼진다. "푸른 지구는 누구의 것인가"라는 가사를 들으며 감회에 젖은 수상자들과 함께 나 역시 뜨거운 가슴을 겨우 진정시키며 눈시울을 붉힌다.

시상식 날 밤에는 수상자들을 축하하는 만찬회가 열린다. 매년 800여 명이 참가하는 큰 행사로, 교토의 화려한 분위기를 만끽할 수 있도록 화려하고 성대하게 준비한다. 한번은 그 연회에 일본에 주재하는 각국 대사와 총영사를 포함한 많은 외국인이 참석했는데 그들이 내게 해준 따듯한 격려가 재단 사업을 지속하는 데 큰 힘이 되었다.

"이런 일은 본래 국가가 해야 하는 일이라고 생각하는데 어떻게 개인의 신분으로 이런 사업을 벌일 생각을 하셨나요? 게다가 한 도시의 문화의 정수를 모아 민간 재단이 이런 일을 하고 있다는 사실에 경의를 표합니다."

시상식 다음 날은 일반 시민을 대상으로 하는 기념 강연회를 연다. 훌륭한 일을 이뤄낸 수상자들의 사고방식과

학식을 많은 사람이 직접 보고 들을 수 있기를 바라는 마음에서 기획된 일이다. 그들의 경험을 많은 사람이 공유한다면 이 사회에 건강한 지적 호기심이 끓어 넘치리라 기대한다.

강연회 다음 날에는 전문가와의 워크숍이 행해진다. 같은 분야에서 분투하는 국내 연구자들 간의 교류를 자연스럽게 유도하는 장으로 수상자들이 가장 즐거워하는 시간이기도 하다. 이 워크숍을 준비하기 위해 밤을 새워 공부를 하는 수상자도 많다고 들었다.

교토상은 단순히 위대한 연구자에게 상을 수여하는 것이 목표가 아니다. 그들의 혁혁한 공로를 치하하고 그들이 마주한 위대한 경지를 더 많은 사람, 특히 청소년들에게 전파하는 것이 교토상의 진정한 사명이다. 초등학생들을 대상으로 수상자의 특별 수업을 연다거나, 수상자와 대학생들이 대화를 나눌 자리를 마련하는 일이 그런 것들이다.

나는 앞으로도 교토상을 통해 어떤 형식으로든 다음 세대와 함께하는 기회를 많이 만들고자 한다. 그런 수업에서 수상자가 놀랄 만큼 대담하고 참신한 질문을 하는 학

생들도 많다고 들었다. 이런 반가운 소식이야말로 내가
이 일을 멈추지 않는 가장 귀중한 원동력이 되고 있다.

더 큰 세상을 향해
칼을 뽑아 든 당신에게

교토상의 상금은 노벨상에 경의를 표하기 위해 출범 당시 노벨상 상금인 900만 스웨덴크로네(당시 엔화 가치로 약 5000만 엔)보다 약간 적은 4500만 엔으로 시작했다. 수년 뒤 노벨상이 상금 액수를 높임에 따라 제10회 교토상부터는 상금을 5000만 엔으로 올렸다.

교토상 시상식이 끝나면 공동 기자회견 자리에서 기자들이 수상자들에게 상금을 어떻게 사용할 것인지 묻곤 한다. 자신의 연구자금으로 사용하겠다는 대답이 가장 많았지만, 모든 상금을 사회에 환원하겠다는 수상자도 적지 않았다.

제3회 교토상에서 정신과학 및 표현예술 부문을 수상한 폴란드의 영화감독 안제이 바이다 씨는 받은 상금을 토대로 '교토 크라쿠프 기금'을 만들어 폴란드에 일본 미술을 소개하는 센터를 만들었다.

제13회 교토상에서 기초과학 부문 수상자로 선정된 열대생태학자 다니엘 헌트 잔젠 박사도 자신의 상금 전액을 열대림 보호를 위한 사업에 기부했다.

제15회 교토상 기초과학 부문 수상자인 월터 뭉크 박사는 상금 전액을 기부해 '교토 뭉크 기금'을 설립했다. 그는 자신이 젊었을 때 연구비가 부족해 고생했던 경험을 떠올리며 젊은 과학자와 학생을 돕기 위해 이 기금을 만들었다고 내게 말했다. 제11회 교토상 기초과학 부문 수상자 하야시 주시로 박사는 '하야시 기금'을 만들어 현대 우주물리학의 발전에 공헌한 과학자들을 후원하고 있다. 이들 외에도 지금까지 많은 수상자가 상금을 공적인 목적을 위해 사용해왔다.

나는 단지 일평생 연구에 매진하며 묵묵히 한길만 걸어온 분에게 상을 드리면 좋겠다는 생각으로 교토상을 제정하고 시상해왔다. 하지만 결과적으로 이 상을 받은 많은 분이 자신의 상금을 세상을 위해, 다른 사람을 위해 쾌척했다.

나는 이 사실이 너무나 놀라웠다. 나의 작은 바람과 사소한 생각에서 시작된 일이 훨씬 더 멋진 모습으로 발전한 것이기 때문이다. 나는 그때 확신했다.

'좋은 마음은 반드시 좋은 마음으로 화답을 받는다!'

나는 이를 선의의 연쇄 작용이라고 부른다. 이 놀라운 기적을 일으켜준 역대 수상자들에게 이 자리를 빌려 무한한 감사를 드린다.

나는 교토상 시상식에 참석할 때마다 내가 처음 사업에 뛰어들었던 순간을 떠올린다.

'나는 왜 처음 이 일에 뛰어들었는가?'

교토상 사업은 이러한 질문을 끊임없이 내 마음에 되새겨주는 내 삶에서 가장 중요한 일이다. 시상식대에 오른 사람들을 보며 나는 그들의 뜨거운 열정을 온몸으로 빨아들이며 초심을 다진다.

부디 자신만의 일, 자신만의 사업을 해나가는 모든 사람이 이 '처음'을 잊지 않았으면 좋겠다. 무슨 일을 하든 마지막까지 잃지 말아야 할 초심, 그것을 더 큰 세상을 향해 칼을 뽑아 든 모든 젊은 사업가들이 굳건히 지켜나가길 진심으로 바란다. 부디 끝까지 살아남기를 바란다.

옮긴이 **김지영**

이화여대에서 화학과 국문학을, 대학원에서 문헌정보학을 공부했다. 사회, 문화, 예술, 과학, 지역 문제 전반에 대해 두루 차별 없는 관심을 갖고 있다. 특히 일본의 현대 사회와 대중문화에 대해 지속적으로 관심을 두고, 두 나라 간의 소통에서 생기는 오해를 최소한으로 줄이는 것을 목표로 번역에 종사하고 있다. 옮긴 책으로는 『옷장은 터질 것 같은데 입을 옷이 없어!』, 『독학은 어떻게 삶의 무기가 되는가』, 『로케이션』, 『부자의 인간관계』, 『저축의 신』 등이 있다.

왜 사업하는가

초 판 1쇄 발행 2017년 9월 8일
개정판 1쇄 발행 2021년 8월 19일
개정판 6쇄 발행 2023년 6월 19일

지은이 이나모리 가즈오
옮긴이 김지영
펴낸이 김선식

경영총괄 김은영
콘텐츠사업본부장 임보윤
책임편집 성기병 **디자인** 윤유정 **책임마케터** 이고은
콘텐츠사업1팀장 한다혜 **콘텐츠사업1팀** 윤유정, 성기병, 문주연, 김세라
편집관리팀 조세현, 백설희 **저작권팀** 한승빈, 김재원, 이슬
마케팅본부장 권장규 **마케팅2팀** 이고은, 김지우
미디어홍보본부장 정명찬 **디자인파트** 김은지, 이소영 **브랜드관리팀** 안지혜, 오수미, 송현석
크리에이티브팀 임유나, 박지수, 김화정 **뉴미디어팀** 김민정, 홍수경, 서가을
재무관리팀 하미선, 윤이경, 김재경, 안혜선, 이보람
인사총무팀 강미숙, 김혜진, 제작관리팀 최완규, 이지우, 김소영, 김진경, 양지환
물류관리팀 김형기, 김선진, 한유현, 민주홍, 전태환, 전태연, 양문현, 최창우

펴낸곳 다산북스 **출판등록** 2005년 12월 23일 제313-2005-00277호
주소 경기도 파주시 회동길 490
전화 02-702-1724 **팩스** 02-703-2219 **이메일** dasanbooks@dasanbooks.com
홈페이지 www.dasan.group **블로그** blog.naver.com/dasan_books
종이 IPP **출력** 한영문화사 **후가공** 평창피앤지 **제본** 대원바인더리

ISBN 979-11-306-3938-3 (03320)